MA

Die Sehnsuc
nach dem

Buch

Die starke Frau ist im besten Sinne emanzipiert. Sie ist autonom und hat eine entwickelte Persönlichkeit, sie liebt ihren Beruf, kann ihren Standpunkt vertreten und ihre Interessen durchsetzen, sie lacht gerne, liebt ihren Körper und sie ist neugierig herauszufinden, was das Leben für sie bereithält. Kurz: Sie hat ihr Leben im Griff. Doch wenn sie sich verliebt, ist sie wie verwandelt... keine Spur mehr von der starken, selbstbewussten Power-Frau. Warum muss es immer der einsame Wolf, der Streuner sein, warum immer der, der so schwer zu erobern ist, warum immer der, der am wenigsten gut zu uns ist? Was passiert? Erstaunlich traditionelle Verhaltensmuster gewinnen die Oberhand, wenn die starke Frau ihrem ersehnten starken Mann begegnet. Und aus dem Strudel der Gefühle zwischen Sehnsucht nach Hingabe und Panik und Kampf gegen den Tyrannen, der ihr Freiheit und Autonomie zu nehmen droht, zieht sich die starke Frau oftmals erschöpft zurück. Maja Storch zeigt anhand zahlreicher Beispiele, warum die starke Frau ihre Liebesbeziehungen immer wieder selbst sabotiert und wie sie aus diesem Dilemma herausfinden kann.

Autorin

Maja Storch, geboren 1958, Dr. phil., ist Diplompsychologin, Psychodramatherapeutin und Jungsche Psychoanalytikerin. Sie arbeitet als wissenschaftliche Mitarbeiterin an der Universität in Zürich und in der Erwachsenenbildung mit Schwerpunkt Persönlichkeitsentwicklung, Psychotherapie und Coaching. Sie lebt in Süddeutschland.

Maja Storch

Die Sehnsucht der starken Frau nach dem starken Mann

GOLDMANN

Der Goldmann Verlag ist ein Unternehmen
der Verlagsgruppe Random House GmbH.

Vollständige Taschenbuchausgabe Januar 2002
Wilhelm Goldmann Verlag, München,
in der Verlagsgruppe Random House GmbH.
© 2000 der Originalausgabe Walter Verlag, Düsseldorf/Zürich,
in der Patmos Verlag GmbH & Co. KG
Umschlaggestaltung: Design Team München
Das Umschlagmotiv ist dem siebenteiligen Zyklus
»Geschichte der Psyche«
des Künstlers Maurice Denis (1870–1943) entnommen.
Satz: Uhl + Massopust, Aalen
Druck: Elsnerdruck, Berlin
Verlagsnummer: 15119
KF · Herstellung: Sebastian Strohmaier
Made in Germany
ISBN 3-442-15119-8
www.goldmann-verlag.de

1 3 5 7 9 10 8 6 4 2

Inhalt

Sind Sie eine starke Frau?

»Madonna ist eine komplexe moderne Frau. Das ist in der Tat der Hauptpunkt ihrer außerordentlichen Leistung. Sie erforscht die Probleme und Spannungen, mit denen eine ehrgeizige Frau heute konfrontiert ist. Wie die energiegeladene Barbra Streisand, deren weibliches Außenseitertum die amerikanischen Mädchen in den Sechzigerjahren stark beeinflusste, steht Madonna vor dem romantischen Dilemma der starken Frau, die nach einem Mann sucht, aber nicht weiß, ob sie einen Despoten oder einen Sklaven will. Die Tigerin in der Brunst ist geneigt, sich zu unterwerfen, aber sie könnte ihren Bezwinger töten.«[1]

Dieses Zitat von Camilla Paglia drückt die Situation der modernen Frau aus, wie es besser nicht geht. Auf ihren Videos zeigt sich Madonna einmal als die Unterworfene, die von muskulösen Männern bezwungen wird, und ein anderes Mal als die Domina im schwarzen Lack, die sich die schönsten Männer reihenweise untertan macht. Wie kann es sein, dass ein und derselben Frau solche krass unterschiedlichen Bilder einfallen, um sich auszudrücken? Eigentlich unvorstellbar. Und doch muss etwas dran sein an der Message von Madonna, sonst ließe sich ihr Welterfolg nicht erklären.

Der Suche nach dem Bezwinger folgt die Rache für die Unterwerfung auf dem Fuß. Die Tigerin sucht ihren Meister.

Aber sie duldet keinen, der stärker ist als sie. Wer sich auf den Kampf mit ihr einlässt, der Mann, der ihre Herausforderung annimmt, riskiert sein Leben.

Wenn Sie dieses Buch in Händen halten, liebe Leserin, dann hat der Titel Sie vermutlich neugierig gemacht. Es ist die Rede von der starken Frau und ihrer Sehnsucht nach dem starken Mann. Kennen Sie diese Sehnsucht? Träumen Sie ab und zu davon, dass Tarzan kommt und Sie in sein Dschungelhaus entführt? Lieben Sie Filme, in denen eine autonome Frau von einem Heldenmann mit breiten Schultern überwältigt wird? Sehnen Sie sich danach, dass einer auftaucht, der sich von Ihrem selbstbewussten Auftreten nicht irritieren lässt, der Sie einfach als Frau behandelt, der sie beschützt und Ihnen sagt, wo es langgeht? Und hassen Sie sich gleichzeitig dafür, dass Sie manchmal heimlich diese Sehnsucht in sich spüren? Dann sind Sie richtig hier. Willkommen im Club.

Dieses Buch habe ich für mich geschrieben, für meine Freundinnen und für meine Klientinnen, die dieser Zwiespalt zu mir geführt hat. Ich habe es geschrieben für alle Frauen der heutigen Zeit, die das romantische Dilemma der starken Frau kennen und nicht wissen, was sie mit diesem Dilemma Sinnvolles anfangen können.

Was ist eine starke Frau? Die starke Frau ist eine Frau, die sich im besten Sinne emanzipiert hat. Ich meine damit nicht das Horrorbild dessen, was oft damit gemeint ist, wenn abfällig von »Emanze« gesprochen wird. Ich meine nicht das männerfressende Ungeheuer, das mit verkniffenen Lippen ein sexfeindliches Leben führt. Ich meine nicht den Blaustrumpf, der männlicher ist als alle Männer dieser Welt zusammengenommen. Ich meine nicht die strenge Frau mit zusammengebundenen Haaren im grauen Kostüm, die mit ihrer Kakteensammlung alleine lebt.

Ich meine attraktive Frauen, die ein aktives Sexualleben führen. Ich meine Frauen, die gelernt haben, auf ihre eigenen Kräfte zu vertrauen, und die nicht darauf warten, dass ein Mann ihnen die Rettung bringt. Frauen, die gerne lachen, die ihren Körper lieben, die Männerkörper lieben und die einen guten Freundeskreis haben. Frauen, die neugierig sind herauszufinden, was das Leben für sie bereithält, die ihren Standpunkt vertreten können und die wissen, wie sie ihre Interessen durchsetzen. Frauen, die ihr eigenes Geld verdienen können, die eine entwickelte Persönlichkeit haben und die darum ihrem Leben eine persönliche Note verleihen. Diese Frauen sind im besten Sinne emanzipiert. Sie haben das, was die Frauenbewegung erkämpft hat, für sich genutzt, um ein vielseitigeres Leben zu führen, als es ihre Großmütter und Mütter getan haben. Und sie lieben die Männer, und Männer spielen eine wichtige Rolle in ihrem Leben.

Wenn Sie sich in dieser Beschreibung wieder erkennen, sind Sie das, was ich eine starke Frau nenne. Und vermutlich haben Sie dann auch schon mit dem romantischen Dilemma der starken Frau Bekanntschaft gemacht, über das ich in diesem Buch schreiben will. Sie haben schon etliche Narben gesammelt im Kampf der Tigerin. Und etliche Männer laufen durch die Welt, die mit Ihnen gekämpft haben und ebenfalls die Spuren dieses Kampfes tragen. Männer, die von der Tigerin gezeichnet sind. Sie haben verletzt und sind verletzt worden. Und weil die starke Frau auch eine intelligente Frau ist, haben Sie mittlerweile angefangen zu erkennen, dass sich beim Kampf der Tigerin ein bestimmtes Spiel immer wiederholt. Sie möchten dieses Spiel eigentlich durchbrechen, aber Sie wissen nicht, wie Sie das tun sollen.

Starke Frauen wollen nicht nur den Kampf. Starke Frauen tragen eine zerbrechliche Sehnsucht in ihrem Herzen. Sie hören eine feine Melodie der Liebe. Eine Melodie, die so zart ist, dass sie kitschig wirken könnte. Sie bergen Bilder von wehenden Schleiern, zart wie Spinnfäden, und von zärtlichen Berührungen tief in ihrer Seele. Sie sind angerührt von hauchdünnen Blütenblättern, auf denen der Morgentau feingläserne Funken sprüht. Ihr Körper sehnt sich nach Hingabe, nach Verschmelzung, nach tiefer Vereinigung von Mann und Frau. Sie tragen die Fähigkeit zur wahren großen Liebe in sich. Und weil sie Tigerinnen sind, würden sie für den Mann, den sie lieben, durchs Feuer gehen, sie würden ihre Liebe gegen die ganze Welt verteidigen.

Aber sie sind von dieser Sehnsucht in sich irritiert. Und sie haben mit dieser Fähigkeit in ihrem Leben noch nicht viel Erfolg gehabt. Die meisten sind gerade wegen dieser Fähigkeit schon tief verletzt worden. Deshalb wissen starke Frauen nicht, ob diese Fähigkeit eine Stärke oder eine Schwäche ist. Und darum stehen sie dieser Fähigkeit mit Misstrauen gegenüber.

Und trotzdem lieben sie die Männer. Sie lieben die tiefen Stimmen, sie lieben die kräftigen Körper und den Geruch unter Männerachseln. Sie lieben behaarte Brüste und kratzige Wangen. Zwischen ihren Beinen wohnt die Gier nach dem männlichen Etwas, das sie empfangen und umschließen möchten. Sie möchten ihrem Helden die Wunden verbinden, sie möchten seine Heimat und seine Geborgenheit sein. Je stärker die Frau, desto unendlicher ist die Liebe, die sie einem Mann zu geben hat. Aber wehe dem Mann, der diese Gefühle in ihr zum Klingen bringt! Dieser Mann hat die Tigerin bezwungen. Und die Tigerin muss ihren Bezwinger töten.

Tanja ist achtundzwanzig Jahre alt, Inhaberin eines Hair-Shops und erfolgreiche Geschäftsfrau. Sie ist ein durch und durch liebenswerter Mensch, eine attraktive Frau und eine intelligente Gesprächspartnerin. Sie sehnt sich nach einer Beziehung zu einem Mann. »Wie sieht's aus mit der Männerwelt?«, frage ich bei meinem letzten Besuch. »Ach ja, im Moment habe ich einen, der ist zwei Jahre jünger, eigentlich ganz lieb, aber er geht mir wahnsinnig auf die Nerven. Ich weiß, ich ticke nicht ganz richtig, aber jedes Mal, wenn er mir Rosen bringt, könnte ich sie ihm an den Kopf werfen. Ich benehme mich ihm gegenüber unmöglich, wirklich. Und er sagt immer: ›Ich versteh dich, mein Schatz.‹ Das bringt mich zur Weißglut.« – »Oje«, sage ich, »so, wie Sie über ihn reden, kann das nicht lange gut gehen.« Tanja weiß, dass sie einen sehr netten Mann zum Partner hat. Ihr ist sehr wohl bewusst, dass sie sich ihm gegenüber ungerecht benimmt. Aber sie kann nicht anders. Und sie ist traurig darüber, dass sie nicht anders kann, weil sie sich eigentlich eine liebevolle Beziehung ersehnt. Sie ist heimlich fasziniert von einem Marineoffizier, der nie da ist, weil immer auf See, und der vermutlich in mehreren Häfen mehrere Bräute hat. Ihm gehört ihr Herz. Der Alltag gehört dem, der die Rosen schenkt und alles versteht. Aber dem Rosenschenker gelingt es nicht, ihr Herz zu erobern.

Ich spreche mit meiner besten Freundin. Wir sprechen über Männer. Starke Frauen sprechen übrigens nicht nur über Männer. Sie sprechen auch über Politik, über Kultur, über Ökologie und über den Weltfrieden. Aber heute sprechen wir über Männer. »Eigentlich waren wir unser ganzes Leben lang den Männern gegenüber ungerecht«, sagt meine Freundin. »Wir haben uns in den einsamen Wolf verliebt. Und wir haben ihn deswegen geliebt, weil er ein Streuner war. Wir haben ihn verlockt, verführt, sein Streunerdasein aufzugeben, mit allen Mitteln, die uns zur Verfügung standen. Und kaum hatte er es aufgegeben, hat gesagt, dass er uns liebt, hat bei uns übernachtet, wurden wir seiner überdrüssig. Wir konnten seine Nähe nicht mehr ertragen. Wir haben aus dem wilden Wolf einen Schoßhund gemacht, und der Schoßhund war uns lästig. Dann haben wir ihn rausgeschmissen. Maja, ich sage dir, das ist unfair von uns.« »Aber was sollen wir denn tun?«, frage ich verzweifelt, »ich weiß ja, dass du mit deiner Beschreibung Recht hast. Aber auch wenn ich das weiß, kann ich trotzdem nichts gegen meine Gefühle tun. Den wilden Wolf muss ich domestizieren, und wenn er domestiziert ist, ist er mir langweilig. Denn ich liebe den Wolf und nicht den Schoßhund. Aber der Wolf muss domestiziert werden. Was soll ich denn tun, um Gottes willen?«

Dieser Dialog lässt mich ratlos zurück. Ich erzähle davon bei einem Treffen von Psychoanalytikerkolleginnen und -kollegen. »Genau, genau!«, ruft Michael, ein Mann, der Tigerinnen liebt und der schon viele Wunden vom Kampf mit Tigerinnen davongetragen hat. »Genauso ist es mir immer ergangen! Ich war zufrieden mit mir und meiner Autonomie. Dann hab ich mich verliebt. Am Anfang habe ich mich dagegen gewehrt, und dann habe ich mich der Liebe ergeben. Und dann ist die Frau mit mir Schlitten gefahren. Ich wurde einfach weggeschmissen. Heute habe ich gelernt, dass Frauen gefährlich sind. Egal, wie verliebt ich bin, ich bin immer auf der Hut vor ihnen. Ich weiß, dass ich es mit einem Gegner zu tun habe. Ich halte immer den Vorsichtsabstand ein. Und seitdem klappt es mit den Frauen.«

Ich spreche mit Karl, einem guten Freund von mir. Er ist fünfundfünfzig Jahre alt und liebt die Frauen. In den 70er-Jahren, als die Frauenbewegung an den Universitäten ihre Hochburg hatte, hat er sich sehr für die Belange der Frauen eingesetzt. Damals hat er von sich selbst gesagt: »Ich bin ein Radikalfeminist!« Er war stolz auf seine Einstellung, und die Frauen zollten ihm dafür Beifall. Er hat im Laufe seines Lebens viele Beziehungen zu Frauen gehabt, keine hat gehalten. Und eigentlich, so sagt er heute, ist er nie ganz dahinter gekommen, was die Frauen eigentlich von ihm wollen. Er ist oft von Frauen verlassen worden, obwohl er sich wirklich große Mühe gegeben hat, ein emanzipierter Mann zu sein. Vor zwei Jahren hat er Freundschaft mit Giovanni, einem Italiener, geschlossen. Giovanni ist in seinem Alter und hat an jedem Finger fünf Frauen, obwohl er nicht besonders viel Geld hat und nicht besonders gut aussieht. Von ihm hat Karl, der Radikalfeminist, gelernt, wie man Frauen zu nehmen hat. Wissen Sie, was das Geheimnis von Giovanni ist, liebe Leserin? Sie werden empört protestieren, wenn Sie es erfahren. Karl selbst hat auch lange gezögert, es mir zu erzählen. »Weißt du, wie Giovanni es schafft, dass alle Frauen hinter ihm her sind? Er lässt sie warten, ganz einfach. Ich habe immer angerufen und Brieflein geschrieben. Giovanni lässt nach dem ersten Treffen mindestens vier Tage verstreichen, bevor er sich wieder meldet. Und dann sind die Frauen ganz heiß auf ihn. Seitdem ich das auch so mache, habe ich keinen Ärger mehr mit den Weibern, verzeih den Ausdruck.«

So schwer es mir fiel, ich musste Giovanni Recht geben. Ich musste zähneknirschend eingestehen, dass diese Taktik auch bei mir Erfolg gehabt hätte. Ich kann mich gut erinnern, an die vielen Stunden, die meine Freundin und ich wartend vor dem Telefon verbracht haben (damals, als es noch keine Anrufbeantworter gab). An diesen Tagen, in denen wir auf die Nachricht von unserem streunenden Wolf warteten, trauten wir uns manchmal nicht, aus dem Haus zu gehen und Milch einzukaufen, denn der Wolf hätte ja gerade in den zwei Minuten, die wir nicht am Telefon verbrachten, anrufen können. Wolf hat natürlich nicht an diesem Tag angerufen, nicht am nächsten Tag, und am übernächsten Tag auch nicht. Und je weniger er angerufen hat, desto stärker wurde unsere Liebe. Den netten Jungen von nebenan, der immer da war, wenn wir ihn brauchten, dem wir unsere Sorgen erzählen konnten und der uns unsere Tränen trocknete, die wir wegen Wolf vergossen, zogen wir als Partner niemals in Betracht. Wir verfluchten Wolf und kamen doch nicht von ihm los. Wir hassten Wolf, doch wenn er – unangemeldet natürlich – vor der Tür stand, lagen wir sofort mit ihm im Bett und erlebten mit ihm die tollsten Orgasmen. Wenn der nette Junge von nebenan uns im Kino schüchtern die Hand aufs Knie legte, lächelten wir milde und legten ihm freundlich, aber entschieden seine Hand auf sein eigenes Knie zurück.

Ich habe schon viele Jahre über diese verzwickte Situation der starken Frau nachgedacht, ich habe mit meinen Freundinnen nächtelang darüber diskutiert, und ich habe viele Klientinnen dabei begleitet, wie sie versucht haben, diesem Spiel zwischen Mann und Frau, das beiden Seiten so viel Kummer bereitet, auf die Schliche zu kommen. Dieses Buch handelt von dem, was ich im Laufe der Jahre herausgefunden habe. Die Sachlage ist ziemlich kompliziert. Wenn sie einfach wäre, hätten die starken Frauen ihr Problem ja längst selber gelöst, denn sie sind intelligent. Wie bei den meisten Problemen, an denen wir schon lange erfolglos arbeiten, kommen beim romantischen Dilemma der starken Frau und ihrer Sehnsucht nach dem starken Mann mehrere Faktoren in einer unheilvollen Kombination zusammen.

Um diese unheilvolle Kombination aufschlüsseln zu können, benötigen wir psychologisches Wissen. Wenn Sie für sich ein wenig Klarheit gewinnen wollen, werden Sie darum einiges über die Struktur der menschlichen Psyche, insbesondere natürlich der weiblichen, lernen müssen. Ich werde Sie auf den folgenden Seiten mit der analytischen Psychologie von

C. G. Jung vertraut machen und werde Ihnen im Rahmen seiner Theorie zu erklären versuchen, wie es zum romantischen Dilemma der starken Frau in unserer heutigen Zeit kommen konnte. Wenn Sie meine Ausführungen verstanden haben, haben Sie, so hoffe ich, ein Werkzeug in der Hand, mit dem Sie an sich selbst arbeiten können, um endlich aus dem Spiel auszusteigen, das Sie sowieso schon lange nicht mehr spielen wollen.

Ein kleiner Wegbegleiter

Bevor dieses Buch gedruckt wurde, habe ich das Manuskript verschiedenen Menschen zum Lesen gegeben. Ich wollte erfahren, was daran verbessert werden könnte. Die Rückmeldungen meiner Probeleserinnen und Probeleser erbrachten – neben vielen Ermutigungen – zwei Einsichten, die mich bewogen haben, diesen kleinen Wegbegleiter zu schreiben.

Einsicht I

Eigentlich habe ich dieses Buch ursprünglich für Frauen geschrieben, darum ist im Folgenden auch immer »die Leserin« angesprochen. Als ich dann damit begann, Menschen zu suchen, die bereit waren, das Manuskript Probe zu lesen, stellte sich zu meinem Erstaunen heraus, dass genauso viele Leser wie Leserinnen sich brennend für die Thematik der starken Frau interessierten. Und die Rückmeldungen der Männer liefen darauf hinaus, dass ihnen mein Buch dabei geholfen hat, ihre geliebten Menschen weiblichen Geschlechts besser zu verstehen. Offenbar ist dieses Buch auch für Männer geeignet, die – sozusagen aus der Beobachterperspektive – das Innenleben der starken Frauen kennen lernen möchte. Das freut mich sehr, und hiermit heiße ich die Männer herzlich willkommen.

Einsicht 2

In diesem Buch mache ich Sie mit einigen Elementen der Jungschen Psychologie vertraut, weil ich diese Theorie für ganz besonders geeignet halte, um die innerpsychische Situation einer starken Frau in der heutigen Zeit zu klären. Dazu muss ich am Anfang einige Fachbegriffe einführen. Wenn Sie beim Lesen zunächst das Gefühl haben sollten, noch nicht alles restlos verstanden zu haben, möchte ich Sie ermutigen, trotzdem einfach weiterzulesen. Die Begriffe, die ich in den einführenden Kapiteln erläutere, greife ich in der Folge immer wieder auf und illustriere sie anhand zahlreicher lebensnaher Beispiele. Sie werden demselben Thema in Variationen wiederholt begegnen. Und am Ende des Buches werden Sie alles verstanden haben. Wenn Sie danach das Bedürfnis verspüren, sich mit dem einen oder anderen Begriff vertiefend zu befassen, können Sie jederzeit zurückblättern und alles noch einmal nachlesen, was Sie interessiert. Sie haben aber auf jeden Fall mehr Spaß mit diesem Buch, wenn Sie es zunächst in einem Zug durchlesen!

Nachdem Sie nun Ihren kleinen Wegbegleiter bekommen haben, bleibt mir nur noch, den Menschen beiderlei Geschlechts eine spannende Lesereise zu wünschen!

Die menschliche Psyche ist zweigeschlechtlich

Der Mann in der Frau und die Frau im Mann

C. G. Jung hat immer großen Wert auf die Tatsache gelegt, dass er sein psychologisches Gedankengebäude nicht am Schreibtisch, sondern aus der Erfahrung entwickelt hat. Im Laufe seines Lebens hat er viele Menschen analysiert und ist bei diesem Prozess immer wieder bestimmten Phänomenen begegnet. Er hat versucht, diese Phänomene zu ordnen, und hat ihnen Namen gegeben. Mit der Zeit ist so ein ziemlich umfangreiches theoretisches Gedankengebäude entstanden, das manchmal schwierig zu verstehen ist. Daraus ist ihm kein Vorwurf zu machen. Alle großen Pioniere haben erst einmal Breschen in den Dschungel der neuen und unbekannten Phänomene schlagen müssen. Diese Breschen zu gangbaren Straßen auszubauen, ist meistens die Aufgabe ihrer Nachfolgerinnen und Nachfolger. Ich werde in diesem Buch eine Straße bauen mit dem Ziel, das romantische Dilemma der starken Frau zu klären und Ihnen einen Weg aus Ihrem persönlichen Dschungel der Gefühle zu zeigen. Folgen Sie mir, wenn Sie Lust haben. Wir werden uns auf unserem Weg mit mehreren interessanten Phänomenen befassen, die Jung entdeckt hat und die uns bei unserem Vorhaben hilfreich sein können.

Ein sehr wichtiges Phänomen, das Jung beschrieben hat, ist die Zweigeschlechtlichkeit der menschlichen Psyche. Jung hat nämlich beobachtet, dass in den Träumen von Frauen Männergestalten und in den Träumen von Männern Frauengestalten auftauchen, die ganz besondere Eigenschaften haben. Diese gegengeschlechtlichen Gestalten sind nicht Menschen, die wir aus dem täglichen Leben kennen, etwa wenn wir von unserer Mutter, unserem Vater oder unserer Freundin träumen. Diese Traumfiguren sind Männer und Frauen von unbekannter Herkunft, und ihr Auftauchen hat für den Träumer oder die Träumerin immer etwas Faszinierendes, Geheimnisvolles. Sie wirken wie eine Macht, die die Träumenden nicht mehr loslässt.

Jung entdeckte im Laufe seiner Arbeit, dass diese geheimnisvollen gegengeschlechtlichen Traumfiguren psychische Inhalte verkörperten, die jeweils eine wichtige Ergänzung zu dem Leben darstellten, das die Träumenden auf Grund ihres Geschlechtes in ihrer Kultur zu ihrer Zeit führten. Von der Biologie her ist das Geschlecht eines Menschen eindeutig festgelegt (mit Ausnahme bestimmter Sonderformen), das gilt aber nicht für die menschliche Psyche. Sie beherbergt jeweils auch den gegengeschlechtlichen Anteil, und es ist sehr wichtig für die Persönlichkeitsentwicklung eines Menschen, diesen gegengeschlechtlichen Anteil zur Kenntnis zu nehmen und ihn in sein tägliches Leben und seine Alltagshandlungen zu integrieren. Genauso, wie die Frau in ihrer Psyche männliche Elemente trägt, enthält auch die männliche Psyche weibliche Elemente. Das männliche Element in der Psyche der Frau hat Jung den »Animus« genannt, das weibliche Element in der Psyche des Mannes »Anima«.

Was allen Menschen gemeinsam ist: die Archetypen

Jung, der seine Feststellungen zunächst an Schweizer Klientinnen und Klienten machte, hat im Laufe seines Lebens die Welt bereist und festgestellt, dass diese inneren Bilder von Mann und Frau überall anzutreffen sind. Er prägte für diese auf der ganzen Welt gültigen Bilder den Begriff »Archetypen«. Mit diesem Begriff bezeichnet er Strukturelemente der menschlichen Psyche, die die ganze Menschheit besitzt.

Man kann die Archetypen auch als genetisch vererbte Dispositionen der Menschen bezeichnen. Aus dem Tierreich kennen wir etwas Ähnliches, hier sprechen wir allerdings von den »Instinkten«. Im Instinkt sind bestimmte Verhaltensweisen vererbt, wie zum Beispiel die Brutpflege, das Balz-, Kampf- oder Fluchtverhalten. Auch die Menschheit gibt allgemeinmenschliches, kollektives Wissen durch Vererbung über Generationen weiter. Allerdings haben Menschen im Unterschied zu den Tieren ein Bewusstsein, das heißt, sie können nachdenken, über sich selbst und über die Welt. Auf Grund dieser Tatsache äußert sich bei den Menschen das instinktive Verhalten nicht nur in Handlungsabfolgen, wie bei den Tieren, sondern auch in inneren Bildern und Träumen, in Mythen, Märchen und Kunstwerken.

Auch wir Menschen verfügen über ererbte Verhaltensmuster, zum Beispiel zur Brutpflege, diese bezeichnen wir als »Bemuttern«. Im Gegensatz zu einem Tier, das seinem Instinkt folgen muss und keine andere Wahl hat, können wir mit unserem Bewusstsein über die Bilder, in denen sich diese vererbten Strukturen äußern, nachdenken. Im Idealfall können wir uns dann für die Durchführung oder die Unterlassung einer entsprechenden Handlung frei entscheiden.

Viele Frauen kennen zum Beispiel den Wunsch nach Schwangerschaft. Die Frauen, in denen dieser Wunsch auf der instinktiven Ebene auftaucht, beschreiben die Sehnsucht nach Befruchtung, nach Schwangerschaft und danach, an ihren Brüsten ein kleines Wesen zu säugen. Dieser Wunsch erscheint, wenn er aus dem instinktiven Bereich kommt, mit großer biologischer Macht. Frauen sind dann jedoch in der Lage, sich bewusste Überlegungen zu diesem Thema zu machen: Ist es die richtige Zeit, der richtige Mann, sind die Umstände günstig? Will sie ihrem instinktiven Impuls nachgeben oder lieber noch eine Weile verhüten? Weil sie über den vererbten Paarungsinstinkt nachdenken kann, gewinnt die Frau Handlungsfreiheit und kann sich ihr Leben besser nach ihren Bedürfnissen einrichten, als es eine Katze oder eine Schildkröte zu tun vermag.

Robert Robertson hat es so formuliert: »Jung entschloss sich, den Terminus ›Archetyp‹ anstatt des Instinktbegriffs zu benutzen, um zu verdeutlichen, dass dasselbe vererbte Handlungsmuster sich entweder als instinktgesteuertes Verhalten oder als Bild zeigen kann. Je einfacher die Kreatur, desto wichtiger ist der Instinkt; je komplexer sie ist, desto wichtiger ist es, dass das Verhaltensmuster in ein Bild überführt werden kann, das vom Bewusstsein bearbeitet werden kann.«[2]

Das Interessante an der Jungschen Entdeckung ist, dass die Archetypen überall auf der Welt auftauchen. Wir teilen sie mit Menschen aller Kulturen aus allen Teilen der Welt. Helmut Barz schreibt dazu: »Archetypen sind von Raum und Zeit unabhängige Strukturelemente des allen Menschen gemeinsamen kollektiven Unbewussten, deren Wirkung darin besteht, in bestimmten Lebenssituationen immer wieder ähnliche Kombinationen von symbolischen Bildern und damit in Einklang stehenden Gefühlen hervorzurufen.«[3]

Wie der Instinkt Tiere dazu bringt, ein bestimmtes Handlungsmuster an den Tag zu legen, so erweckt das Auftauchen eines bestimmten Archetyps in Menschen eine bestimmte Stimmungslage und ganz spezifische Handlungsbereitschaften. In der Fachsprache nennen wir das Auftauchen eines Archetyps mit all seinen Begleiterscheinungen: Ein Archetyp konstelliert sich. Menschen sollten im Laufe ihrer Persönlichkeitsentwicklung lernen zu erkennen, wenn ein Archetyp sich in ihrer Psyche konstelliert hat. Und sie sollten wissen, wie sie mit den Stimmungen und Handlungsbedürfnissen umzugehen haben, die dieser Prozess mit sich bringt.

Ein bedeutsamer Archetyp, der unser Seelenleben beträchtlich beeinflussen kann, ist der innerpsychisch angelegte gegengeschlechtliche Teil in jedem Menschen, der innere Mann in der Psyche der Frau und die innere Frau in der Psyche des Mannes.

Der Archetyp des Weiblichen und der Archetyp des Männlichen

Das, was Menschen überall auf der Welt mit »weiblich« und »männlich« verbinden, ähnelt sich in hohem Maße. Da wir uns im Folgenden viel mit diesen Bildern der beiden Geschlechter befassen werden, ist es sinnvoll, eine Zusammenstellung derjenigen Qualitäten an den Anfang unserer Überlegungen zu stellen, die mit diesen beiden Archetypen weltweit verbunden werden. Wir zitieren hierzu eine Zusammenstellung von Helmut Barz, der diese verschiedenen Qualitäten sehr umfassend und einfühlsam beschrieben hat. Sie selbst können, während Sie die Beschreibung der Qualitäten des weiblichen und männlichen Archetyps lesen, einmal darauf achten, welcher der beiden Ihnen vertrauter ist. Welche Qualitäten haben Sie für sich eher in Ihrem Leben verwirklicht, welche eher nicht? Welche der beiden Qualitäten erscheint Ihnen erstrebenswert, welche ist Ihnen unangenehm? Sie bekommen auf diese Weise einen ersten Hinweis darauf, wie Ihre »Seelenlandschaft« aussieht. Der Archetyp, der Ihnen Mühe bereitet, wird der sein, mit dem Sie für sich in nächster Zukunft unbedingt nähere Bekanntschaft schließen sollten.

»Zu den Attributen des weiblichen Prinzips gehören in der Natur die Erde und die Nacht. Oft – aber wie man im Deutschen sieht, nicht immer – ist auch der Mond weiblich. Das Wasser wird vorwiegend als weiblich erfahren; bezeichnenderweise Quellen und stehende Gewässer mehr als bewegte Flüsse. Denn zum Weiblichen gehören Ruhe und allmähliche Wandlung, während rasche Veränderung eher zum Männlichen passt. Darum sind alle rhythmischen Naturvorgänge weiblich, insbesondere alles, was mit dem Wechsel der Jahreszeiten, mit Fruchtbarkeit, Wachstum und Ernte zusammenhängt. Das Weibliche ist das Werden- und Geschehenlassen, es ist das Abwartende und Empfangende, und in diesem Sinn ist es passiv. Es ist weich, schmiegsam, warm und flüssig, wie es in der tonalen Musik im Tongeschlecht ›Moll‹ zu hören ist. So sind auch die Gefühlsqualitäten, die mit Weiblichem assoziiert werden, eher moll-haft sehnsüchtige bis melancholische der allenfalls besonnenheitere. Strahlend schmetternde Dur-Trompetenklänge gehören eher in den männlichen Bereich. Aber obgleich kriegerische Angriffslust im Allgemeinen dem Weiblichen nicht zugerechnet wird, ist es doch auch gefährlich und unheimlich. Es tritt als Hexe oder Nixe in Erscheinung, es kann verlocken, verzaubern, in den Abgrund ziehen, in den Wahnsinn treiben. Und ebenso wie es Fruchtbarkeit, Leben und ewige Wiederkehr meint, bedeutet es auch Tod und ewige Ruhe.

… Während dem weiblichen Prinzip Erde und Nacht entsprechen, ist das männliche mit Himmel und Tag verbunden. Statt des weiblichen Wassers gehört in den männlichen Bereich der Berg, statt des nächtlichen Mondes die Sonne. Den weichen und dunklen Moll-Qualitäten steht das Harte und Helle des Dur gegenüber. Nicht Natur-Rhythmus, Wandlung und ewiger Kreislauf, sondern lineare, gewollte und durchgesetzte Veränderung bestimmen die Dynamik des männlichen Prinzips. Nicht die Bilder liebt es, sondern die Begriffe, nicht den Rausch, sondern die Nüchternheit. Die Ekstase ist ihm verdächtig, weil es dahinter den Wahnsinn fürchtet. Es ist bestrebt, von sich aus Ordnung zu setzen, und verhält sich deswegen unterscheidend, planend, aktiv und aggressiv. Dabei gerät es immer wieder in Gefahr, den Boden unter den Füßen zu verlieren, indem es ihn entweder zerstört oder sich über ihn zu erheben versucht. Nur in der ätherischen Höhe vermeint das Männliche Geist zu gewahren, und weil es sich mehr nach diesem Geistigen sehnt, statt sich vom Natürlichen tragen zu lassen, will es beständig ›hinauf‹gelangen. Der einseitig männlich konzipierte Begriff des ›oberen‹ Geistigen ist nicht nur in Gefahr, die Natur zu vergewaltigen, sondern zusammen mit ihr auch seine eigene Grundlage, nämlich die geistige Qualität des Natürlichen, zu vernichten. Wenn aber die weibliche Form des Geistes, deren Stärke in der Fähigkeit liebevoll bezogener Synthese besteht, dem exklusiv männlichen Geist abhanden kommt, dann degeneriert er zum zerlegenden Werkzeug, das zwar männliche Macht demonstriert, aber letztlich um den Preis des Lebens.«[4]

Diese Beschreibung der Qualitäten des weiblichen und des männlichen Prinzips soll deutlich machen, mit wie vielen unterschiedlichen Bildern und Symbolen man sich diesen Archetypen annähern kann. Es ist wichtig zu wissen, dass Archetypen unerschöpflich sind im Hervorbringen von Bildern. Und es ist wichtig, den Archetyp nicht mit den Bildern zu verwechseln, die er erzeugt. Sie finden im Kapitel über die Entstehung des Animus eine anschauliche Beschreibung dieses Unterschiedes.

Der Unterschied zwischen dem Inhalt des Archetyps und seiner Bewertung

Unser Bewusstsein gibt den Bildern Namen, und die sind nicht auf der ganzen Welt gleich. Bei uns heißen die beiden Archetypen, mit denen wir uns in diesem Buch befassen wollen, »weiblich« und »männlich«, in der chinesischen Tradition heißen sie »yin« und »yang«, irgendwelche archaische Kultur in Asien oder Afrika benennt sie wieder anders.

»Die ganz unvollständige Aufzählung von Qualitäten, die wir mit den Begriffen weiblich und männlich verbinden, ist nichts anderes als eine Umschreibung derjenigen symbolischen Bilder und emotionalen Gehalte, die von zwei Archetypen regelmäßig und überall in der Menschheit hervorgebracht werden. Wie wir diese beiden Archetypen *nennen*

[Hervorhebung v. d. Autorin], kommt nur auf den Zusammenhang an, in dem sie erscheinen.[5]

Wenn die archetypischen Bilder dem menschlichen Bewusstsein erscheinen, finden mehrere Vorgänge statt: Zuerst werden sie benannt, dies haben wir eben besprochen. Nach dem Benennen erfolgt in der Regel ein zweiter Vorgang, den Sie vielleicht eben an sich selbst erfahren haben. Vermutlich waren Ihnen einige der genannten Qualitäten angenehm, andere eher unangenehm. Sie haben eine *Bewertung* vorgenommen.

Wenn Sie wissen möchten, wie Sie mit Archetypen, die sich konstellieren, umgehen sollen, ist es sehr wichtig, dass Sie sich dies vergegenwärtigen. Das Benennen und das Bewerten sind Tätigkeiten, die unser Bewusstsein vornimmt, wenn es wahrnimmt, was vom Archetyp konstelliert wird. Ursprünglich haben archetypische Vorgänge keine Namen, und sie sind weder gut noch schlecht. Die Löwin, die ihre Beute erlegt, tut dies einfach, weil ihr vererbter Instinkt ihr dies nahe legt. Weder bezeichnet sie ihr Tun mit dem Wort »Jagd«, noch macht sie sich Gedanken darüber, ob es richtig ist, Fleisch zu essen und einem anderen armen Tier dafür das Leben zu nehmen. Auch in uns Menschen kann sich der Archetyp des Jägers konstellieren, aber wir benennen dann unser Tun als »Jagd« und können uns außerdem Gedanken darüber machen, ob es richtig ist, Elefanten auszurotten und ihre präparierten Beine als Papierkorb in unserem Wohnzimmer aufzustellen.

Wenn wir in diesem Buch in Zukunft von »männlich« und »weiblich« sprechen, so meinen wir dies völlig wertneutral. Wir benutzen lediglich zwei Begriffe, um bestimmte Verhaltens- und Erlebnisweisen mit Namen zu bezeichnen. Gerade bei der Beschäftigung mit dem weiblichen und dem männlichen Archetyp müssen wir mit der Unterscheidung vom archetypischen Inhalt einerseits und dessen Benennung und Bewertung andererseits außerordentlich vorsichtig sein. Etwas »männlich« oder »weiblich« zu nennen, so dürfte nach den obigen Äußerungen klar geworden sein, enthält zunächst überhaupt noch keine Wertung. Ob ich Dur oder Moll bevorzuge, hängt allein von meiner subjektiven Stimmungslage ab, nicht von einer allgemein anerkannten unterschiedlichen Wertung von Dur oder Moll. Beide Tonarten existieren, und beide Tonarten haben ihre Berechtigung innerhalb des Handwerkszeuges von Komponistinnen und Komponisten. In der Zeit, in der wir leben, werden Weibliches und Männliches jedoch sehr unterschiedlich bewertet. Lange Zeit galt das Männliche als das Bessere, und diese Tatsache hat die Emanzipationsbewegung zu Recht auf den Plan gerufen. Heute sind die Dinge im Umbruch, aber Bewertungen von »weiblichen« und »männlichen« Qualitäten finden immer noch statt.

Meine These ist, dass die starken Frauen, die nicht wissen, ob sie einen Sklaven oder einen Despoten zum Mann wollen, ihr Problem deswegen haben, weil sie immer noch im Banne der traditionellen Bewertungen von »weiblich« und »männlich« stehen. Diese traditionellen Bewertungen sind offiziell zwar überholt, insgeheim üben sie aber nach wie vor einen starken Einfluss auf die Psyche der Menschen aus.

Je geheimer, das heißt in der Tiefenpsychologie, je unbewusster Bewertungen verlaufen, umso tückischer sind die Auswirkungen, die sie auf unsere Lebensführung haben können. Es scheint dann, als werde unser Schiff auf der weiten See des Lebens nicht von uns, sondern von einem geheimen Steuermann gesteuert. Obwohl wir scheinbar selbst das Ruder halten, wird der Kurs von einer Macht bestimmt, die wir nicht zu fassen kriegen. Wir stellen nur ab und zu verzweifelt fest, dass wir schon wieder eine Insel ansteuern, zu der wir eigentlich wirklich niemals hinwollten. Wir werden im Lauf dieses Buches noch dahinter kommen, welche geheimen Steuermänner und Steuerfrauen bei starken Frauen unserer Tage mit am Ruder stehen, und wir werden nach Möglichkeiten suchen, mit diesen Gestalten zu kooperieren, wenn es darum geht, den Kurs zu finden, der uns auf die richtige Insel bringt.

Den geheimen Steuermann haben wir in diesem Kapitel bereits angesprochen, und so viel kann ich Ihnen schon verraten: Es ist bei der Frau der Animus, der wesentliche Aspekte ihrer Handlungen beeinflusst, ohne dass sie das merkt. Wir werden uns darum mit dem Animus noch ausführlich beschäftigen. Um das romantische Dilemma der starken Frau zu verstehen, müssen wir jedoch zunächst noch ein wenig mehr über das tiefenpsychologische Persönlichkeitsmodell lernen.

Das tiefenpsychologische Persönlichkeitsmodell

Die Jungsche Psychologie hat ein tiefenpsychologisches Persönlichkeitsmodell. Die Tiefenpsychologie geht davon aus, dass die menschliche Psyche aus bewussten und unbewussten Anteilen besteht. Sie kam zu der Annahme, dass der Mensch abgesehen von seinem Bewusstsein noch über unbewusste Anteile verfügt, weil sie sich mit ganz bestimmten, eigenartigen Geschehnissen beschäftigt hat, bei denen es aussieht, als gäbe es neben dem Bewusstsein noch eine andere Instanz im Menschen, die seine Handlungen mitbestimmt. Es schien noch einen Mitregenten im Menschen zu geben. (Sie erinnern sich an die geheimen Steuermänner und Steuerfrauen aus dem vorigen Kapitel.) Das merkwürdigste Phänomen, das es zu erklären galt, waren die Träume. Wenn unser Bewusstsein nicht mehr tätig ist, wenn wir schlafen, dann tauchen Bilder und ganze Geschichten in uns auf, die uns oftmals sehr lange beschäftigen.

Die meisten Menschen haben in ihrem Leben mindestens einmal einen Traum geträumt, an den sie sich auch noch nach Jahren erinnern. Manche Traumbilder oder Traumgeschehen lassen uns nicht los, beschäftigen uns noch lange Zeit oder tauchen immer wieder auf. Im Fall der immer wieder auftauchenden Traummotive spricht man in der Tiefenpsychologie von Wiederholungsträumen und geht davon aus, dass sie eine besonders wichtige Botschaft für den Träumer oder die Träumerin enthalten. Es gibt psychologische Richtungen, die die Annahme vertreten, dass es sich bei Traummotiven lediglich um sinnlose Aneinanderreihungen von Erinnerungsfetzen aus unserem Alltag oder aus unserer Vergangenheit handelt. Die persönliche Erfahrung vieler Menschen ist eine andere. Auch wenn wir unsere Traummotive oft nicht verstehen und interpretieren können, so bleibt doch vielfach das Gefühl, dass dieser bizarre Traum für uns wichtig ist und dass das Traumgeschehen, so merkwürdig es auch erscheinen mag, in einem sinnvollen Zusammenhang mit unserem Leben steht.

Aus diesem Gefühl heraus haben Menschen aller Kulturen schon immer versucht, Träume zu deuten und die Traumsprache zu entschlüsseln. Die Frage, die sich stellt, ist die folgende: »Wenn doch der Träumer oder die Träumerin schläft und gar nicht bei Bewusstsein ist, wer produziert denn dann diese Träume?« Die Antwort der Tiefenpsychologie auf diese Frage ist: »Das Unbewusste produziert diese Träume.«

Ein weiteres Phänomen, das die Tiefenpsychologie dazu gebracht hat, von der Annahme eines unbewussten Anteils in der menschlichen Psyche auszugehen, sind die so genannten Freudschen Fehlleistungen. Sie haben es sicher selbst schon erlebt: Sie sind auf eine Party eingeladen und wollen sich besonders gut/selbstsicher/gelassen/kompetent/liebenswürdig oder was auch immer zeigen. Was passiert? Sie betreten den Raum und stolpern vor versammelter Gesellschaft über den Teppichrand, fallen hin, und ausgerechnet der Mensch, den sie am wenigsten leiden können, reicht Ihnen großzügig die Hand, um Ihnen beim Aufstehen zu helfen. Sie schütten der Frau des Chefs Rotwein auf die cremefarbene Seidenbluse. Im Gespräch mit einem wichtigen Menschen unterläuft Ihnen ein hochnotpeinlicher Versprecher. Auch angesichts dieses

Phänomens fragt sich die Tiefenpsychologie: »Wie kann es kommen, dass ein Mensch etwas tut, was er sicherlich niemals beabsichtigt hat?« Die Antwort lautet wiederum: »Es muss etwas im Menschen drin geben, was ihn zu Handlungen veranlasst, die außerhalb seiner bewussten Kontrolle liegen.« Diese Instanz befindet sich im Unbewussten, denn sie ist dem Menschen offenbar nicht bewusst.

Noch ein letztes Phänomen, das Sie vermutlich auch von sich selbst kennen, ist die folgende Situation: Sie wachen morgens nach einem heftigen Streit mit Ihrem Partner auf und lassen voll Entsetzen die Erinnerungen an den vorherigen Abend Revue passieren. Wie Sie sich verhalten haben, ist Ihnen durch und durch peinlich. Sie haben viel Porzellan zerschlagen, und es wird Wochen dauern, bis alles wieder gekittet ist. »Welcher Teufel hat mich nur geritten?«, fragen Sie sich verzweifelt. In diesem Bild des Menschen, der vom Teufel geritten wird, hat sich im Volksmund die innerpsychische Erlebensweise der Menschen angesichts solcher Phänomene niedergeschlagen. Man erlebt seine eigenen Handlungen als nicht vom eigenen Ich gesteuert, man hat den Eindruck, als sei man von einem Dämon besessen.

Auch die Gerichtsbarkeit trägt dieser Tatsache Rechnung, wenn sie zwischen einem geplanten Mord und einem Mord im Affekt unterscheidet. Wenn sich nachweisen lässt, dass ein Mensch bei seiner Tat die bewusste Kontrolle vorübergehend verloren, einen Kontrollverlust erlitten hat, wird er in der Regel weniger hart bestraft. Die häufigsten Erfahrungen mit Kontrollverlust machen die Menschen übrigens im Bereich Aggression und Sexualität. Dies sind folgerichtig auch die beiden Gebiete, die dem Teufel und den Hexen zugeschrieben werden. Ich hatte einmal eine Klientin, die der festen Überzeugung war, dass sie verhext worden sei, weil sie den

Eindruck hatte, eine böse Macht zwinge sie zu einem Seitensprung mit dem besten Freund ihres Mannes. Ihr bewusstes Ich liebte den Ehemann und wollte ihm treu sein. Die Seitensprunggelüste konnten deshalb logischerweise nicht von ihr kommen, sie mussten von einer fremden Macht stammen, die ihre Ehe zerstören wollte. Menschen, die darin geübt sind, über sich selbst nachzudenken, beschreiben oft das Phänomen, dass sie mental neben sich stehen, während sie einen Tobsuchtsanfall bekommen oder die entscheidend tödlich verletzenden Worte sagen, und parallel zum äußeren desaströsen Geschehen innerlich zu sich sprechen: »Um Gottes willen, was tust du da?«

Wenn die starken Frauen wieder einmal einen liebenswerten, normalen Mann behandeln, als sei er ein Sack Müll, dann beschreiben sie oft diese Beobachtung: »Ich hörte meinen Tonfall, wie ich mit ihm sprach, und dachte gleichzeitig darüber nach, ob ich eigentlich verrückt bin, mit diesem netten Menschen, der mir nichts Böses getan hat, so mies umzugehen.« Die Tiefenpsychologie sieht auch in solchen Begebenheiten einen Grund dafür, unbewusste Instanzen in der menschlichen Psyche anzunehmen, die starken Einfluss auf das menschliche Handeln haben. Und sie hat auch einen Lösungsvorschlag für die Menschen, die es leid sind, mental neben sich zu stehen und sich dabei zu beobachten, wie sie Unheil anrichten und Unsinn reden: »Wenn die Instanzen, die im Unbewussten vorhanden sind, bewusst gemacht werden, können sie besser vom bewussten Ich kontrolliert werden.« Dann unterliegen unsere Handlungen weitaus besser unserem Willen, und wir sind, wie Sigmund Freud es formuliert hat, »Herr im eigenen Haus«.

Wir haben nun also gesehen, warum es sinnvoll erscheint, davon auszugehen, dass die menschliche Psyche aus bewussten und unbewussten Anteilen besteht. Wenn wir uns darüber einig sind, dass wir mit dieser Annahme weiterarbeiten wollen, taucht natürlich sofort das Bedürfnis auf, die Funktionsweise des Unbewussten besser zu verstehen. Wenn wir unabhängiger werden wollen von den geheimen Instanzen, die unser Verhalten beeinflussen, müssen wir versuchen, dahinter zu kommen, nach welchen Gesetzmäßigkeiten das Unbewusste wirkt. Wir möchten außerdem gerne wissen, welche Inhalte sich im Unbewussten befinden. Kann man die geheimnisvollen Mächte, die manchmal so effizient das Ruder an sich reißen, genauer bestimmen?

Die Jungsche Psychologie hat hierzu viele Erkenntnisse gewonnen. Eine sehr mächtige Instanz im Unbewussten der Frau haben wir im letzten Kapitel schon kennen gelernt, es ist der Animus. Einer zweiten steuernden Instanz im Unbewussten, die für unseren Versuch, das romantische Dilemma der starken Frau zu klären, von großem Wert ist, hat C. G. Jung den Namen »der Schatten« gegeben. Mit ihm wollen wir uns im folgenden Kapitel näher beschäftigen.

Der Schatten steht immer
mit am Ruder

»Der Schatten steht immer mit am Ruder«, das hört sich geheimnisvoll und interessant an, nicht wahr? In der Tat ist das Jungsche Schattenkonzept in meinen Augen eine der nützlichsten psychologischen Theorien, die wir in der heutigen Zeit zur Verfügung haben. Aber das können Sie ja bald selbst beurteilen. Mit dem Begriff »Schatten« werden in der Jungschen Psychologie alle Eigenschaften bezeichnet, die zwar zur Persönlichkeit eines Menschen gehören, diesem Menschen aber nicht oder nicht genügend bewusst sind. Im Schatten und damit im Unbewussten finden sich diejenigen Persönlichkeitsanteile, die im Laufe des Heranwachsens verdrängt oder abgespalten wurden, weil sie in dem Umfeld, in dem der betreffende Mensch aufwuchs, nicht erwünscht waren. Ein Mensch, der dazu erzogen wurde, immer fleißig und pflichtbewusst seine Arbeit zu erfüllen, hat im Schatten einen pflichtvergessenen Faulenzer. Ein Anwalt, der stets korrekt gekleidet ist und sehr darauf achtet, sein Leben im Rahmen der gesellschaftlich vorgegebenen Normen zu führen, träumt immer wieder von einem Penner, der in der Gosse sitzt. Im Volksmund kennt man den Spruch, dass in jedem Feuerwehrmann ein Brandstifter steckt. Ein Mensch, der ein sehr moralisches Leben führt und von seiner bewussten Einstellung her sexuelle Ausschweifungen verdammt, muss damit rechnen, dass in seinem Schatten ein zügelloser Lüstling lauert.

Die Faustregel lautet: je extremer die bewusste Einstellung, desto extremer der Schatten, der die gegenteilige Position vertritt. Der Mann, der immer fleißig gearbeitet hat und zuverlässig für seine Familie da war und vom Zigarettenholen nicht wiederkommt, wurde von seinem Abenteurerschatten eingeholt; die anspruchslose und fleißige Hausfrau, die Mann und Kinder verlässt, um mit einem karibischen Tänzer zu leben, genauso. Je stärker wir nach dem Licht streben, desto mehr müssen wir mit dem Dunkel kämpfen. Im Unbewussten besteht die Tendenz, den Menschen nicht einseitig werden zu lassen. In der Jungschen Psychologie spricht man von dem Streben nach Ganzheit, welche durch das Unbewusste vertreten wird.

Normalerweise haben die Menschen Angst davor, sich mit ihrem Schatten auseinander zu setzen. Er erscheint ihnen böse und unangenehm, und sie wollen doch gute Menschen sein! An dieser Stelle sei nochmals daran erinnert, dass Bewertungen immer von uns Menschen kommen. Die meisten Schatteninhalte waren ursprünglich nicht schlecht, sie wurden lediglich dort, wo das Kind aufwuchs, als schlecht *bewertet*. Ein Beispiel: Ein Mädchen wächst auf einem Bauernhof auf, wo praktisches Zupacken überlebensnotwendig ist. Dieses Mädchen ist jedoch eher zartfühlend und musisch begabt, es hat zierliche Gliedmaßen und liest gerne. Auf einem Bauernhof gilt ein solches Mädchen als zimperlich und faul. Als Arbeit zählt nur das, was mit den Händen getan wird, vom Lesen melken sich die Kühe nicht und wird der Stall nicht gemistet. Das Mädchen lernt, dass seine musischen Eigenschaften schlecht sind, verdrängt diese Begabungen und entwickelt einen entsprechenden Schatten. Ihr Bruder, ein kräftiger Bub, der gerne körperlich arbeitet, bekommt für seine Eigenschaften Lob und ist stolz darauf. Stellen wir uns die beiden Geschwister in einem anderen Umfeld vor. Sie haben die gleiche körperliche und seelische Grundausstattung, werden jedoch in eine Professorenfamilie in der Großstadt geboren. Das Mädchen wird für seine Eigenschaften viel Lob bekommen, der Bub wird als Tollpatsch und als geistig träge beschimpft werden. Dieselbe Persönlichkeit in einem unterschiedlichem Umfeld und dieselben Wesensmerkmale werden völlig unterschiedlich bewertet!

Das obige Beispiel beschreibt ein individuelles Schicksal. Auch ganze Kulturen können Schattenfiguren ausbilden, einfach deswegen, weil zum Beispiel ihre Religion bestimmte Werte vorgibt und darum alle Menschen, die dieser Religion angehören, ähnliche Anteile in sich unterdrücken müssen, wenn sie gemäß den Kriterien ihrer religiösen Überzeugung »gute« Menschen sein wollen. In Kulturen, die christlich geprägt sind, haben die meisten Menschen ihre sexuellen Vorlieben in den Schatten verbannt, weil die christliche Religion relativ prüde daherkommt. Der Effekt hiervon ist ein Mensch, der das ganze Jahr brav im Landratsamt Akten bearbeitet und dann in seinem Jahresurlaub auf Mallorca bei Ballermann 6 die Sau rauslässt.

»Aber«, werden Sie vielleicht einwenden, »so einfach ist das nicht. Wenn ich ehrlich in mich hineinschaue, entdecke ich ganz üble Eigenschaften an mir, die nichts, aber auch gar nichts Positives und Unschuldiges an sich haben! Ich entdecke Mordgelüste, Phantasien über sexuelle Orgien und den Hang zu Lug und Betrug! Sie können mir nicht erzählen, dass diese Bewertungen lediglich ein Produkt des Bewusstseins sind und dass ich ruhig zu diesen Eigenschaften stehen soll! Das will ich nicht!«

Sie haben Recht, wenn Sie so etwas einwenden möchten. Und Sie verdienen eine Gratulation für die große Ehrlichkeit, mit der Sie Ihr Innenleben durchforscht haben, wenn Sie über solche offenbar abstoßenden inneren Motivlagen berichten können. Die Tatsache, dass uns unsere Schatteninhalte so verabscheuungswürdig erscheinen, hängt mit der Funktionsweise des Unbewussten zusammen. Wie gesagt: Ursprünglich waren alle Inhalte, die wir in den Schatten verbannt haben, weder gut noch schlecht. Sie waren einfach da. Erinnern Sie sich an die Löwin, die ein Wild reißt. Sie tötet, und das ist ihre Natur. Sie bewertet nicht. Die Natur und das Leben sind einfach da und kümmern sich nicht um Bewertungen. Bewertungen sind eine Folge der Zivilisation und der zunehmenden Bewusstheit der Menschheit. Menschen mussten sich irgendwann Gesetze geben, die das Zusammenleben regelten, weil sie nicht mehr nur den Instinkten gehorchten und weil sie herausgefunden hatten, dass Regeln ihre Überlebenschancen steigerten, wenn sie in Gemeinschaften zusammenlebten. Darum wurde das Töten verboten, und der Impuls dazu, den wir mit der Löwin gemeinsam haben, wanderte ins Unbewusste und bildete da einen Schattenanteil.

Ungeliebte Anteile verwildern im Unbewussten

Was passiert nun mit den Inhalten, die von uns ins Unbewusste geschickt wurden? Es wäre schön, wenn man sie da aufbewahren könnte, so, wie man alte Sachen auf den Speicher trägt. Da liegen sie, verstauben vielleicht etwas und warten darauf, bis wir uns beim nächsten Umzug wieder um sie kümmern. Mit den Inhalten des Unbewussten, so hat die Tiefenpsychologie herausgefunden, ist es, leider Gottes, nicht so.

Denn das Unbewusste ist aktiv. Die Inhalte, die dort gelagert sind, wollen auch mitspielen im täglichen Leben. Das Unbewusste drängt danach, den Menschen zu vervollständigen. Es duldet keine Extreme in der bewussten Einstellung. Das Ungeliebte und Unbeachtete möchte auch seinen Platz im Leben, denn es gehört dazu, es ist ja ein Teil des ursprünglichen Menschen.

Im Unbewussten, so hat Jung festgestellt, geschieht etwas mit den Inhalten, die wir dorthin abgeschoben haben. Je weniger Kontakt das Bewusstsein mit dem Unbewussten hat, je weniger bestimmte Inhalte anerkannt und je mehr sie verdrängt werden, desto unkultivierter werden sie; sie werden archaisch und infantil. Während der bewusste Teil der Persönlichkeit eines Menschen in die Schule geht und erwachsen wird, werden die nicht beachteten unbewussten Anteile immer unzivilisierter, weil sich niemand um sie kümmert. Wenn die unbewussten Anteile so einen Tiefstand erreicht haben, dass er unserem Kulturniveau nicht mehr entspricht, fangen sie an, destruktiv zu wirken. Sie verwildern wie ein Garten, der nicht gepflegt wird und dessen wild wuchernde Brombeerranken den Besucherinnen Löcher in die teuren Strümpfe reißen.

Durch dieses Geschehen im Unbewussten kann ein Teufelskreis entstehen: Wir haben eine bestimmte Eigenschaft in uns an einer bestimmten Norm gemessen, als ungünstig verworfen und ins Unbewusste verbannt. Unsere bewusste Persönlichkeit entwickelt sich im Einklang mit unserer Umgebung weiter, die verworfene Eigenschaft hat diese Chance nicht. Wenn sie sich bemerkbar macht (und das wird unweigerlich geschehen, weil das Unbewusste aktiv ist), tritt sie in einer relativ unkultivierten Form auf. Wir werden dann von ihrem Erscheinen erschreckt. Wenn ich gerade an meiner Doktorarbeit sitze und in drei Wochen Abgabetermin habe, kommt mir die innere Faulenzerin, die sich um überhaupt nichts mehr kümmern möchte, natürlich in ihrem Absolutheitsanspruch völlig ungelegen, ja, sie könnte sogar meine Karriere gefährden.

Folge: Ich bin von dem Erscheinen des Schattens im besten Falle gestört und fühle mich belästigt. In gravierenderen Fällen bin ich erschreckt oder zutiefst beschämt und schicke den entsprechenden Anteil, wenn ich wieder die bewusste Kontrolle habe, noch weiter hinab ins Unbewusste. Dort verwildert der Anteil noch mehr. Eines Tages gelingt es ihm wieder, die bewusste Kontrolle zu durchbrechen (würden Sie nicht auch an der Gefängnistür rütteln, wenn man Sie eingesperrt hätte?), und ich entdecke voll Entsetzen eine noch abscheulichere innere Gestalt, woraufhin ich umgehend noch drastischere Verbannungsmanöver vornehme, und so fort. Es kommt in unserem Leben der Zeitpunkt, wo die ehemals durchaus positive, aber auf Grund der momentanen Lebensumstände vorübergehend unbrauchbare Eigenschaft zu einer echten Gefahr für die bewusste Lebensführung geworden ist. Die Chancen, diese Eigenschaft in unsere bewusste Lebensführung zu integrieren und sie in ihren positiven Qualitäten nutzen zu können, sinken beständig. Und irgendwann bedarf es professioneller Hilfe, um den Schatten ans Tageslicht zu holen und ihn zu »rekultivieren«.

Verwilderte Anteile können zur Ressource werden

Wir können nämlich unseren Schatten als Ressource nutzen. Seien die Anteile, die wir entdecken, anfänglich auch noch so ungeliebt, wenn wir uns beharrlich und liebevoll mit unserem

Schatten beschäftigen, dann können wir aus dem unzivilisierten Wildfang in uns allmählich ein akzeptables Mitglied der menschlichen Gemeinschaft machen. In der Sprache der Jungschen Psychologie nennt man diesen Vorgang »die Integration des Schattens«. Durch die Integration des Schattens profitieren wir auf zweierlei Art: Erstens wird viel psychische Energie frei. Den Energiebetrag, den wir bisher benötigt haben, um den Schatten in der Versenkung zu halten, haben wir auf einmal zu unserer freien Verfügung. Es ist, als habe man das bisherige Leben immer nur mit einem Arm gelebt, weil man den anderen Arm benötigt hat, um eine Tür zuzudrücken. Wenn die Notwendigkeit wegfällt, die Tür zuzudrücken, haben wir auf einmal beide Arme frei und viel Kraft übrig, um mit beiden Armen tolle Dinge zu tun. Der zweite Vorteil: Wir verfügen neben der frei gewordenen psychischen Energie über eine neue Eigenschaft in unserem Handlungsrepertoire. Richtig »neu« ist die Eigenschaft ja eigentlich nicht, denn sie hat sowieso schon immer zu uns gehört, aber für unser bewusstes Ich ist die Eigenschaft neu, und es ist sehr reizvoll und fruchtbringend, die neu entdeckten Elemente der Persönlichkeit in das alltägliche Leben zu integrieren.

Um beim Beispiel meiner Doktorarbeit zu bleiben: Nachdem ich Freundschaft mit meinem inneren Faulpelz geschlossen hatte, konnte ich – ob Sie es glauben oder nicht – viel effektiver arbeiten, indem ich genügend Zeit mit Nichtstun verbrachte! Früher hatte ich mich am Schreibtisch gequält, selbst wenn mein Gehirn ausgetrocknet und zermürbt war, mein Hintern schmerzte und der Bildschirm meines PCs vor meinen entzündeten Augen flimmerte. Ich musste arbeiten, ich durfte mir keine Pause gönnen. Was dabei an fruchtbaren Ergebnissen herauskam, können Sie sich vorstellen. Sätzchen für Sätzchen quälte ich mir ab, und die Seiten meiner Dissertation wollten und wollten nicht mehr werden. Heute lege ich auf der Stelle eine Pause ein, sobald ich müde werde oder anfange zu gähnen. Mein Faulpelz meldet sich und gemahnt mich an die Tatsache, dass das Leben nicht nur aus Mühsal und Plackerei bestehen sollte.

Was für eine weise Botschaft! Ich mache dann so lange etwas anderes, bis der Faulpelz sich erholt hat. Wenn ich mich dann wieder an den Schreibtisch setze, erledige ich frisch und ausgeruht dasselbe Pensum wie in den alten Qualphasen, allerdings in einem Drittel der Zeit und mit bedeutend mehr Freude und Leichtigkeit. Dieses Buch entsteht übrigens auch in bestem Einvernehmen mit meinem inneren Faulpelz, und es macht mir großen Spaß, daran zu schreiben. Die Arbeit mit dem inneren Faulpelz habe ich inzwischen in meinen Seminaren mit vielen hart arbeitenden Managerinnen und Managern gemacht, alle berichten von demselben Effekt. Durch die Kooperation mit dem inneren Faulpelz arbeiten sie effektiver als früher!

Sicher sind Sie jetzt schon gespannt darauf, Ihre eigenen inneren Schattenanteile zu entdecken. Einige haben Sie gemeinsam mit der Kultur, in der Sie leben, mit ziemlicher Sicherheit dürften Sie in der Lage sein, einen solchen inneren Faulpelz aufzuspüren, wenn Sie danach suchen. Menschen in Südamerika oder in Indien zum Beispiel haben keinen solchen inneren Faulpelz. Ihre Kultur erlaubt ihnen, ausreichend Pausen zu machen und im Hier und Jetzt zu leben. Dies ist übrigens ein Grund, warum wir so gerne südliche Länder aufsuchen, um Urlaub zu machen. Wir spüren instinktiv, dass die Menschen dort eine Eigenschaft haben, die uns fehlt und die wir zur Erholung dringend benötigen. Wenn wir unseren eigenen Faulpelz integriert haben, können wir diesbezüglich viel Geld sparen.

Sie haben aber sicherlich auch noch Anteile in sich, die nur Ihnen gehören und die mit Ihrem engeren Umfeld, Ihrer Familie und dem Ort Ihres Aufwachsens eng verbunden sind. Diesen Anteilen wollen wir uns im nächsten Kapitel widmen. Da wir immer noch daran sind, das romantische Dilemma der starken Frau zu klären, interessiert uns natürlich besonders der Schatten, den Sie, liebe starke Frau, im Laufe Ihres Lebens ausgebildet haben. Dieses Thema wird hochbrisant, das verspreche ich Ihnen!

Die geheime Steuerfrau

Wenn Sie, liebe Leserin, wissen möchten, wie Sie Ihren individuellen Schattenanteilen auf die Spur kommen können, dann müssen Sie noch kurz einen weiteren Begriff aus der Tiefenpsychologie kennen lernen. Der Begriff heißt: Projektion.

Unter Projektion versteht man in der Tiefenpsychologie einen Vorgang, bei dem eigene innere Anteile auf Personen in der Außenwelt projiziert werden, genauso wie ein Diaprojektor, der ein Dia auf eine Leinwand projiziert. Wie der Traum und die Freudschen Fehlleistungen ist das Vorkommen von Projektionen ebenfalls ein Indiz sowohl für das Vorhandensein unbewusster Inhalte als auch für die Aktivität des Unbewussten. Wenn wir eigene Schattenanteile nicht durch Selbstreflexion in uns selbst wahrnehmen, so werden wir vom Unbewussten dazu gezwungen, uns damit in der Außenwelt auseinander zu setzen. Um eine Auseinandersetzung kommen wir in jedem Fall nicht herum.

Wenn wir einer Person begegnen, die sich für eine so genannte Schattenprojektion eignet – und das tut sie, wenn sie ähnliche Eigenschaften hat wie diejenigen, die von uns ins Unbewusste verdrängt wurden –, dann mögen wir diese Person nicht. Nun treffen wir im Laufe unseres Lebens viele Zeitgenossen, die wirklich nicht besonders liebenswert sind.

Nicht alle werden Träger oder Trägerinnen von Schattenprojektionen. Dass wir es mit eigenen ungeliebten und ungelebten Anteilen zu tun haben, das merken wir daran, dass wir die betreffende Person mit einem – wie Jung es nennt – starken Gefühlston ablehnen. Unsere Ablehnung ist im Fall einer Schattenprojektion sehr heftig und mit machtvollen negativen Emotionen verbunden. Beispiel: Wenn wir in relativ ruhigem Ton sagen: »Also, was die Brigitte gestern gemacht hat, fand ich nicht gerade toll«, dann haben wir es bei Brigitte und ihrer gestrigen Tat wahrscheinlich nicht mit einer Schattenprojektion zu tun. Wenn wir uns jedoch dabei beobachten können, wie wir mit rotem Kopf, erhöhtem Adrenalinspiegel und rasendem Puls empört verkünden: »Also, was die Brigitte sich gestern wieder geleistet hat! Wie kann man nur! Ich finde das a-b-s-o-l-u-t unmöööglich, wie diese Frau sich immer aufführen muss!!!«, dann können wir uns im Anschluss an unsere Hasstirade mit einem Glas Prosecco im Spiegel zuprosten, denn wir haben gerade einen neuen Schattenanteil von uns entdeckt.

Daher lautet die Faustregel für die Diagnose des eigenen Schattens: Zeige mir die Menschen, die dich so richtig in Rage bringen, und ich zeige dir deinen Schatten. Wenn übrigens im Neuen Testament die Aussage von Jesus verzeichnet ist vom Splitter im Auge des Nachbarn und vom Balken im eigenen Auge, dann ist hier genau der Vorgang angesprochen, den die Jungsche Psychologie eine Schattenprojektion nennt.

Wenn man diese Botschaft richtig verstanden hat, braucht man in der Regel erst einmal eine Weile, um sie zu verdauen. Wer die Theorie der Schattenprojektion für sich akzeptiert, kann nie wieder in seinem Leben in Ruhe hassen. In meinen Seminaren mache ich im Anschluss an dieses Referat eine Pause, damit die Teilnehmerinnen und Teilnehmer sich wieder ein wenig fassen können. In einem Seminar rief eine Soziologin, die zusammen mit ihrem Mann einen ökologischen Bauernhof betreibt und mit einem »Jute-statt-Plastik«-T-Shirt bekleidet war, nach diesem Referat bestürzt: »Waaas??? Die blöden Weiber vom Tennisclub, das soll ein Teil von mir sein???« Ja, ja, genauso ist es. Die blöden Weiber vom Tennisclub mit ihren Jil-Sander-Klamotten und den Gucci-Gürteln und die Öko-Frau sind füreinander Schattengestalten. Jede hat etwas, das die andere nicht lebt. Die Soziologin fing dann an, sich mit dem Thema »Luxus« zu befassen, und merkte nach einigem Widerstreben, dass sie ein bisschen Luxus im ökologisch vertretbaren Rahmen gar nicht so übel fand.

Damit sind wir an dem Punkt angelangt, wo wir über den Schatten sprechen können, den starke Frauen im Laufe ihres Lebens typischerweise ausgebildet haben. Dazu muss ich noch beifügen, dass nach der Jungschen Theorie Schattengestalten immer als gleichgeschlechtliche innere Bilder auftreten. Für Frauen sind es Frauengestalten, für Männer Männergestalten. Das gilt auch für die Projektion. Frauen projizieren ihren Schatten auf Frauen. Wir schreiben ein Buch über starke Frauen, darum suchen wir nach Frauentypen, die von starken Frauen inbrünstig abgelehnt werden. Deswegen heißt dieses Kapitel auch »die geheime Steuerfrau«. Wir suchen nach einer weiblichen Schattengestalt, die bei starken Frauen insgeheim das Steuer in der Hand hat. Überlegen Sie mal selbst. (Ich gehe davon aus, dass Sie eine starke Frau sind, sonst würden Sie sich nicht für dieses Buch interessieren.) Welchen Typ Frau finden Sie so richtig zum Kotzen? Bei welchem Typ Frau würden Sie am empörtesten verneinen, wenn Ihnen jemand auf den Kopf zusagen würde, dass das, was diese Frauen verkörpern, ein ungelebter Anteil in Ihnen selbst ist?

Es ist, so sind meine Erfahrungen mit mir selbst, mit meinen Freundinnen und mit meinen Patientinnen, ein Frauentyp, den ich persönlich »die Tussi« nenne. Eine Freundin von mir, die sehr erfolgreich ein Maßschneideatelier betreibt, nennt diese Frauen »Luschen«. Man kann sie auch »hysterische Ziegen« nennen oder »Weibchen« oder »berechnende Ausnutzerinnen von Männern«. Wie's beliebt. Die bösen Namen für diesen Frauentyp mögen unterschiedlich sein, gemeint sind immer dieselben. Es sind die schwachen Frauen, meist zart und zierlich gebaut (obwohl es sie auch in der molligen Version gibt, allerdings seltener). Sie sind zerbrechlich und äußerst sensibel. Sie haben Rehaugen, gerne auch allerlei Krankheiten, geheimnisvolle und unergründliche Stimmungen und häufig reiche Männer, die ihnen die Arbeit abnehmen. Barbie verkörpert diesen Typ Frau ganz hervorragend. Diese Frauen haben manchmal studiert, aber sofort nach dem Studium geheiratet und nie selbst ihr Geld verdient. Sie haben vielleicht auch überhaupt keine Berufsausbildung und sich diese Mühsal erspart, indem sie schon früher schwanger wurden. Wenn sie doch überraschenderweise in die Arbeitswelt schnuppern, indem sie eine Edelboutique oder eine Galerie betreiben, dann setzt ihr gut verdienender Mann die Verluste, die sie mit ihrem Betrieb machen, steuermindernd ab.

Und dieser Typ Frau soll ein Teil von uns sein? Von uns, die wir eigenes Geld verdienen, unsere Frau in verantwortungsvollen Positionen stehen, unseren Lover zu einem Kurzurlaub auf den Malediven einladen und trotz heftiger Grippe mit Schniefnase und Fieber im Geschäft antreten? Jaja, genauso ist es. Leider. Je tüchtiger Sie sind, liebe Leserin, desto schwächlicher ist Ihre innere Tussi. Ekelhaft, nicht wahr? Ich habe schon viele starke Frauen erlebt, die an diesem Punkt ihrer Selbstanalyse angelangt sind, und jedes Mal ist der Ausdruck der Abscheu auf ihren Gesichtern sehr markant und eindrücklich. Früher bin ich darüber erschrocken und habe gedacht, dass vielleicht die Theorie nicht stimmt. Heute lächle ich zufrieden und freundlich und warte ab, bis sich die erste Aufregung gelegt hat.

Wie steht es mit Ihnen? Sie können es nicht glauben, dass Sie sich mit einem solchen Anteil auseinander setzen sollen, und weigern sich schlicht, weiterhin über dieses bekloppte Thema zu reden? Prächtig, prächtig. Können Sie sich mein Lächeln vorstellen? Sie zeigen genau den starken Gefühlston, den Jung als Indiz für eine Schattenprojektion ausgemacht hat. Lassen Sie sich Zeit, atmen Sie tief durch, rauchen Sie eine Zigarette, oder gehen Sie erst mal spazieren. Ich werde versuchen, Ihnen zu erklären, wie es dazu kommen konnte, dass wir starke Frauen eine innere Tussi entwickelt haben. Es ist nicht Ihre Schuld, wirklich nicht. Sie haben Ihr Bestes gegeben, um als emanzipierte Frau ein wertvolles Mitglied der Gesellschaft zu werden, und das war gut so, glauben Sie mir. Aber wenn Sie Ihr Problem mit den Männern lösen wollen, dann müssen Sie sich mit Tussi befassen, es führt kein Weg daran vorbei.

Erinnern Sie sich an die Qualitäten des archetypisch Weiblichen und des archetypisch Männlichen, die im Kapitel von der zweigeschlechtlichen Psyche beschrieben wurden? Erinnern Sie sich auch an das, was ich über den Prozess des Bewertens gesagt habe? Die Bewertung macht unser bewusstes Ich, sie hat mit dem Archetyp an sich nichts zu tun. In unserer Gesellschaft ist es so, dass aus Gründen, über die viele gute Bücher geschrieben wurden (zum Beispiel Schmidt, 1998), die archetypisch männlichen Qualitäten besser bewertet wurden als die archetypisch weiblichen. Dann kam die

Frauenbewegung und hat mit diesem Unsinn Schluss gemacht. Sie hat unter Beweis gestellt, dass Frauen keineswegs nur für Küche und Kinder da sind. Sie hat das Geschwätz vom schwachen Geschlecht radikal ausgerottet. Frauen können ihren Mann stehen und sind genauso tüchtig im Beruf wie Männer auch. Männer machen Blondinenwitze? Frauen erwidern: »Was ist ein Mann in einem Fass Salzsäure? Ein gelöstes Problem.« (Frauen schütten sich über diesen Witz vor Lachen aus. Männer lächeln säuerlich.) Frauen machen heutzutage alles, was Männer auch machen.

Eine Geschichte hierzu: Ein guter Freund von mir ist in einer Männerclique, die einen von allen bewunderten Casanova zum Mittelpunkt hat. Er, so ist sein Ruf, schnappt sich alles, was nicht schnell genug den Baum hochkommt. Alle Kumpels finden ihn klasse und beneiden ihn ein bisschen. Er schleppt die Weiber ab, wie es ihm passt. Eines Tages steht der Freund von mir in einer Diskothek und hört zwei Frauen über seinen Freund reden, der an der Bar mit Anbaggern beschäftigt ist.

»Siehst du den da drüben?«, fragt die eine die andere. »Der ist echt cool für einen One-night-stand. Ganz gut im Bett und macht hinterher keine Zicken wegen Liebe und so.« – »Meinst du den mit den blonden Locken und den Cowboystiefeln? Ja, der ist klasse, den hab ich auch schon ausprobiert. Kann man weiterempfehlen!« Für meinen Freund brach eine kleine Männerwelt zusammen. Nicht sein Casanovakumpel benutzte die Frauen, nein, die ganze Zeit hatten die Frauen seinen Kumpel benutzt!! Keine starke Frau wird heutzutage mehr abgeschleppt. Wenn jemand schleppt, dann sie den Mann, nicht umgekehrt.

Eine weitere Geschichte: Ein anderer Freund von mir, ein Jurist mit rotem Porsche und schwarzem BMW, geht mit der Inhaberin eines Kosmetiksalons in ein Nobelrestaurant, in der Absicht, sie zu verführen. Als es ums Zahlen geht, möchte er gerade seine goldene Visakarte zücken, als die Frau sagt: »Ach, lass mal! Ich lade dich ein, du bist so amüsant!« Sie öffnet ihre Handtasche, holt ein Bündel Hunderter heraus und sagt: »Ist schon gut. Ich muss mein Schwarzgeld unterbringen, weißt du.« Der Jurist war geplättet. Er kam sich altmodisch vor, dabei ist er erst fünfunddreißig. Die Frau ist übrigens neunundzwanzig. So sehen die Territorialgewinne aus, die die Frauenbewegung den Männern abgerungen hat. Und wir starken Frauen wollen keinen Quadratmeter dieser Gewinne zurückgeben, sicherlich nicht. Es lebt sich großartig in diesem neuen Land, und wir haben unseren Spaß. Wenn da nicht dieses lästige Problem mit den Männern wäre.

Das Problem ist folgendes: Während wir uns damit beschäftigt haben, die männlichen Qualitäten für uns zu erobern, in der Jungschen Terminologie würden wir sagen, dass wir einen starken Animus entwickelt haben, sind die weiblichen Qualitäten in den Schatten geraten. Das ist kein Wunder: Wir alle haben Mütter oder, wenn wir jünger sind, Großmütter, die noch nach dem alten Tugendkatalog für Frauen gelebt haben. Und wir haben so manche davon in ihrem Unglück versinken sehen. Wir haben erlebt, wie sie von ihren Männern verlassen wurden für eine jüngere Frau, wir haben erlebt, wie sie trotz Intelligenz und guter Fähigkeiten keinen Beruf ergreifen konnten, wir haben als Kinder unter ihrer Unausgeglichenheit gelitten, und wir haben mitgekriegt, dass sie am Sex keinen Spaß hatten. Viele Mütter und Großmütter haben sich, gottlob, in späteren Jahren emanzipiert. Etliche Frauen um die Siebzig, deren Männer mittlerweile das Zeitliche gesegnet haben, sagen: »Also ich will keinen Mann mehr im Haus! Ich habe genug Socken in meinem Leben gewaschen!« Statt sich in ein neues Ehegefängnis zu begeben, verkaufen sie das Reihenhäuslein, gehen in eine Rentnersiedlung auf Gran Canaria, trinken Sangria und genießen die Männer zum Tanztee. Socken waschen sie nur noch ihre eigenen. Sie sind aber erst glücklich, seitdem sie die traditionelle Frauenrolle abgelegt haben.

Wir haben in unserer Kultur nur wenig Modelle von Frauen, die mit den archetypisch weiblichen Qualitäten wie Empfangen, Passivität, Warten in Hingabe, Wachsen und Gedeihenlassen etc. ein erfülltes Leben gelebt haben. In archaischen Kulturen lassen sich solche Frauen noch finden. In unserer Kultur sind sie seltene Exemplare. Auf Grund dieser Tatsache sind wir Frauen zu dem Schluss gekommen, dass weibliche Tugenden nur wenig taugen. Dieser Schluss ist jedoch ein Trugschluss. Die Tatsache, dass unsere Mütter und Großmütter für ihre weiblichen Tugenden wenig Anerkennung erhielten, heißt nicht, dass die weiblichen Werte an sich schlecht sind, denn der Archetyp hat seine Bedeutung unabhängig von der Bewertung durch das Bewusstsein. Weibliche Qualitäten wurden lediglich in unserer einseitig patriarchalen Kultur schlecht bewertet. Diesen Irrtum, den Archetyp des Weiblichen mit seiner Bewertung durch das Patriarchat zu verwechseln, dürfen wir nicht übernehmen, denn wenn wir es tun, bekommen wir Frauen ein psychisches Problem. Wir wissen mit unseren weiblichen Eigenschaften nichts mehr anzufangen. Sie wandern in den Schatten und verwildern dort. Was dabei herauskommt, ist die Tussi.

Bei den starken Frauen ist die Tussi schon fest in ihrem Unbewussten angesiedelt. Starke Frauen müssen sich damit befassen, ihre innere Tussi zu emanzipieren. Wie dies gelingen kann, das wollen wir uns im folgenden Kapitel am Beispiel eines Märchens anschauen, in dem von der Persönlichkeitsentwicklung einer Tussi, wie sie im Buche steht, die Rede ist: dem Märchen vom Mädchen ohne Hände.

Das Märchen vom Mädchen ohne Hände[6]

Ein Müller war nach und nach in Armut geraten und hatte nichts mehr als seine Mühle und einen großen Apfelbaum dahinter. Einmal war er in den Wald gegangen, Holz zu holen, da trat ein alter Mann zu ihm, den er noch niemals gesehen hatte, und sprach: »Was quälst du dich mit Holzhacken, ich will dich reich machen, wenn du mir versprichst, was hinter deiner Mühle steht.« – »Was kann das anderes sein als mein Apfelbaum?«, dachte der Müller, sagte: »Ja«, und verschrieb es dem fremden Manne. Der aber lachte höhnisch und sagte: »Nach drei Jahren will ich kommen und abholen, was mir gehört«, und ging fort. Als der Müller nach Haus kam, trat ihm seine Frau entgegen und sprach: »Sage mir, Müller, woher kommt der plötzliche Reichtum in unser Haus? Auf einmal sind alle Kisten und Kasten voll, kein Mensch hat's hereingebracht, und ich weiß nicht, wie es zugegangen ist.« Er antwortete: »Das kommt von einem fremden Mann, der mir im Wald begegnet ist und mir große Schätze verheißen hat; ich habe ihm dagegen verschrieben, was hinter der Mühle steht: den großen Apfelbaum können wir wohl dafür geben.« – »Ach, Mann«, sagte die Frau erschrocken, »das ist der Teufel gewesen: den Apfelbaum hat er nicht gemeint, sondern unsere Tochter, die stand hinter der Mühle und kehrte den Hof.«

Die Müllerstochter war ein schönes und frommes Mädchen und lebte die drei Jahre in Gottesfurcht und ohne Sünde. Als nun die Zeit herum war und der Tag kam, wo sie der Böse holen wollte, da wusch sie sich rein und machte mit Kreide einen Kranz um sich. Der Teufel erschien ganz frühe, aber er konnte ihr nicht nahe kommen. Zornig sprach er zum Müller: »Tu ihr alles Wasser weg, damit sie sich nicht mehr waschen kann, denn sonst habe ich keine Gewalt über sie.« Der Müller fürchtete sich und tat es. Am andern Morgen kam der Teufel wieder, aber sie hatte auf ihre Hände geweint, und sie waren ganz rein. Da konnte er ihr wiederum nicht nahen und sprach wütend zu dem Müller: »Hau ihr die Hände ab, sonst kann ich ihr nichts anhaben.« Der Müller entsetzte sich und antwortete: »Wie könnt ich meinem eigenen Kinde die Hände abhauen!« Da drohte ihm der Böse und sprach: »Wo du es nicht tust, so bist du mein, und ich hole dich selber.« Dem Vater ward angst, und er versprach, ihm zu gehorchen. Da ging er zu dem Mädchen und sagte: »Mein Kind, wenn ich dir nicht beide Hände abhaue, so führt mich der Teufel fort, und in der Angst hab ich es ihm versprochen. Hilf mir doch in meiner Not und verzeihe mir, was ich Böses an dir tue.« Sie antwortete: »Lieber Vater, macht mit mir, was Ihr wollt, ich bin Euer Kind.« Darauf legte sie beide Hände hin und ließ sie sich abhauen. Der Teufel kam zum dritten Mal, aber sie hatte so lange und so viel auf die Stümpfe geweint, dass sie doch ganz rein waren. Da musste er weichen und hatte alles Recht auf sie verloren.

Der Müller sprach zu ihr: »Ich habe so großes Gut durch dich gewonnen, ich will dich zeitlebens aufs Köstlichste halten.« Sie antwortete aber: »Hier kann ich nicht bleiben: Ich will fortgehen; mitleidige Menschen werden mir schon so viel geben, als ich brauche.« Darauf ließ sie sich die verstümmelten Arme auf den Rücken binden, und mit Sonnenaufgang machte sie sich auf den Weg und ging den ganzen Tag, bis es Nacht ward. Da kam sie zu einem königlichen Garten, und beim Mondschimmer sah sie, dass Bäume voll schöner Früchte darin standen; aber sie konnte nicht hinein, denn es war ein Wasser darum. Und weil sie den ganzen Tag gegangen war und keinen Bissen genossen hatte und der Hunger sie quälte, so dachte sie: »Ach, wäre ich darin, damit ich etwas von den Früchten äße, sonst muss ich verschmachten.« Da kniete sie nieder, rief Gott den Herrn an und betete. Auf einmal kam ein Engel daher, der machte eine Schleuse in dem Wasser zu, sodass der Graben trocken ward und sie hindurchgehen konnte. Nun ging sie in den Garten, und der Engel ging mit ihr. Sie sah einen Baum mit Obst, das waren schöne Birnen, aber sie waren alle gezählt. Da trat sie hinzu und aß eine mit dem Munde vom Baume ab, ihren Hunger zu stillen, aber nicht mehr. Der Gärtner sah es mit an, weil aber der Engel dabeistand, fürchtete er sich und meinte, das Mädchen wäre ein Geist, schwieg still und getraute sich nicht, zu rufen oder den Geist anzureden. Als sie die Birne gegessen hatte, war sie gesättigt und ging und versteckte sich in dem Gebüsch. Der König, dem der Garten gehörte, kam am anderen Morgen herab, da zählte er und sah, dass eine der Birnen fehlte, und fragte den Gärtner, wo sie hingekommen wäre: Sie läge nicht unter dem Baume und wäre doch weg. Da antwortete der Gärtner: »Vorige Nacht kam ein Geist herein, der hatte keine Hände und aß eine mit dem Munde ab.« Der König sprach: »Wie ist der Geist über das Wasser hereingekommen? Und wo ist er hingegangen, nachdem er die Birne gegessen hatte?« Der Gärtner antwortete: »Es kam jemand in schneeweißem Kleide vom Himmel, der hat die Schleuse zugemacht und das Wasser gehemmt, damit der Geist durch den Graben gehen konnte. Und weil es ein Engel muss gewesen sein, so habe ich mich gefürchtet, nicht gefragt und nicht gerufen. Als der Geist die Birne gegessen hatte, ist er wieder zurückgegangen.« Der König sprach: »Verhält es sich, wie du sagst, so will ich diese Nacht bei dir wachen.«

Als es dunkel ward, kam der König in den Garten und brachte einen Priester mit, der sollte den Geist anreden. Alle drei setzten sich unter den Baum und gaben Acht. Um Mitternacht kam das Mädchen aus dem Gebüsch gekrochen, trat zu dem Baum und aß wieder mit dem Munde eine Birne ab; neben ihr aber stand der Engel im weißen Kleide. Da ging der Priester hervor und sprach: »Bist du von Gott gekommen oder von der Welt? Bist du ein Geist oder ein Mensch?« Sie antwortete: »Ich bin kein Geist, sondern ein armer Mensch, von allen verlassen, nur von Gott nicht.« Der König sprach: »Wenn du von aller Welt verlassen bist, so will ich dich nicht verlassen.« Er nahm sie mit sich in sein königliches Schloss, und weil sie so schön und fromm war, liebte er sie von Herzen, ließ ihr silberne Hände machen und nahm sie zu seiner Gemahlin.

Nach einem Jahre musste der König über Feld ziehen, da befahl er die junge Königin seiner Mutter und sprach: »Wenn sie ins Kindbett kommt, so haltet und verpflegt sie wohl und schreibt mir's gleich in einem Briefe.« Nun gebar sie einen schönen Sohn. Da schrieb es die alte Mutter eilig und meldete ihm die frohe Nachricht. Der Bote aber ruhte unterwegs an einem Bache, und da er von dem langen Wege ermüdet war, schlief er ein. Da kam der Teufel, welcher der frommen Königin immer zu schaden trachtete, und vertauschte den Brief mit einem andern, darin stand, dass die Königin einen Wechselbalg zur Welt gebracht hätte. Als der König den Brief las, erschrak er und betrübte sich sehr, doch schrieb er zur Antwort, sie sollten die Königin wohl halten und pflegen bis zu seiner Ankunft. Der Bote ging mit dem Brief zurück, ruhte an der nämlichen Stelle und schlief wieder ein. Da kam der Teufel abermals und legte ihm einen andern Brief in die Tasche, darin stand, sie sollten die Königin mit ihrem Kinde töten. Die alte Mutter erschrak heftig, als sie den Brief erhielt, konnte es nicht glauben und schrieb dem Könige noch einmal, aber sie bekam keine andere Antwort, weil der Teufel dem Boten jedes Mal einen falschen Brief unterschob; und in dem letzten Briefe stand noch, sie sollten zum Wahrzeichen Zunge und Augen der Königin aufheben.

Aber die alte Mutter weinte, dass so unschuldiges Blut sollte vergossen werden, ließ in der Nacht eine Hirschkuh holen, schnitt ihr Zunge und Augen aus und hob sie auf. Dann sprach sie zu der Königin: »Ich kann dich nicht töten lassen, wie der König befiehlt, aber länger darfst du hier nicht bleiben; geh mit deinem Kind in die weite Welt hinein und komm nie wieder zurück.« Sie band ihr das Kind auf den Rücken, und die arme Frau ging mit weiniglichen Augen fort. Sie kam in einen großen wilden Wald, da setzte sie sich auf ihre Knie und betete zu Gott, und der Engel des Herrn erschien ihr und führte sie zu einem kleinen Haus, daran war ein Schildchen mit den Worten: »Hier wohnt ein jeder frei.« Aus dem Häuschen kam eine schneeweiße Jungfrau, die sprach: »Willkommen, Frau Königin«, und führte sie hinein. Da band sie ihr den kleinen Knaben von dem Rücken und hielt ihn an ihre Brust, damit er trank, und legte ihn dann auf ein schönes, gemachtes Bettchen. Da sprach die arme Frau: »Woher weißt du, dass ich eine Königin war?« Die weiße Jungfrau antwortete: »Ich bin ein Engel, von Gott gesandt, dich und dein Kind zu verpflegen.« Da blieb sie in dem Hause sieben Jahre und war wohl verpflegt, und durch Gottes Gnade wegen ihrer Frömmigkeit wuchsen ihr die abgehauenen Hände wieder.

Der König kam endlich aus dem Felde wieder nach Haus, und sein Erstes war, dass er seine Frau mit dem Kinde sehen wollte. Da fing die alte Mutter an zu weinen und sprach: »Du böser Mann, was hast du mir geschrieben, dass ich zwei unschuldige Seelen ums Leben bringen sollte!«, und zeigte ihm die beiden Briefe, die der Böse verfälscht hatte, und sprach weiter: »Ich habe getan, wie du befohlen hast«, und wies ihm die Wahrzeichen, Zunge und Augen. Da fing der König an, noch viel bitterlicher zu weinen über seine arme Frau und sein Söhnlein, dass es die alte Mutter erbarmte und sie zu ihm sprach: »Gib dich zufrieden, sie lebt noch. Ich habe eine Hirschkuh heimlich schlachten lassen und von dieser die Wahrzeichen genommen, deiner Frau aber habe ich ihr Kind auf den Rücken gebunden und sie geheißen, in die weite Welt zu gehen, und sie hat versprechen müssen, nie wieder hierher zu kommen, weil du so zornig über sie wärst.« Da sprach der König: »Ich will gehen, so weit der Himmel blau ist, und nicht essen und nicht trinken, bis ich meine liebe Frau und mein Kind wieder gefunden habe, wenn sie nicht in der Zeit umgekommen oder Hungers gestorben sind.«

Darauf zog der König umher, an die sieben Jahre lang, und suchte sie in allen Steinklippen und Felsenhöhlen, aber er fand sie nicht und dachte, sie wäre verschmachtet. Er aß nicht und trank nicht während dieser ganzen Zeit, aber Gott erhielt ihn. Endlich kam er in einen großen Wald und fand darin das kleine Häuschen, daran das Schildchen war mit den Worten »Hier wohnt ein jeder frei.« Da kam die weiße Jungfrau heraus, nahm ihn bei der Hand, führte ihn hinein und sprach: »Seid willkommen, Herr König«, und fragte ihn, wo er herkäme. Er antwortete: »Ich bin bald sieben Jahre umhergezogen und suche meine Frau mit ihrem Kinde, ich kann sie aber nicht finden.« Der Engel bot ihm Essen und Trinken an, er nahm es aber nicht und wollte nur ein wenig ruhen. Da legte er sich schlafen und deckte ein Tuch über sein Gesicht.

Darauf ging der Engel in die Kammer, wo die Königin mit ihrem Sohne saß, den sie gewöhnlich Schmerzenreich nannte, und sprach zu ihr: »Geh heraus mitsamt deinem Kinde, dein Gemahl ist gekommen.« Da ging sie hin, wo er lag, und das Tuch fiel ihm vom Angesicht. Da sprach sie: »Schmerzenreich, heb deinem Vater das Tuch auf und decke ihm sein Gesicht wieder zu.« Das Kind hob es auf und deckte es wieder über sein Gesicht. Das hörte der König im Schlummer und ließ das Tuch noch einmal gerne fallen. Da ward das Knäbchen ungeduldig und sagte: »Liebe Mutter, wie kann ich meinem Vater das Gesicht zudecken, ich habe ja keinen Vater auf der Welt? Ich habe das Beten gelernt, unser Vater, der du bist im Himmel; da hast du gesagt, mein Vater wäre im Himmel und wäre der liebe Gott: Wie soll ich einen so wilden Mann kennen? Der ist mein Vater nicht.« Wie der König das hörte, richtete er sich auf und fragte, wer sie wäre. Da sagte sie: »Ich bin deine Frau, und das ist dein Sohn Schmerzenreich.« Und er sah ihre lebendigen Hände und sprach: »Meine Frau hatte silberne Hände.« Sie antwortete: »Die natürlichen Hände hat mir der gnädige

Gott wieder wachsen lassen«; und der Engel ging in die Kammer, holte die silbernen Hände und zeigte sie ihm. Da sah er erst gewiss, dass es seine liebe Frau und sein liebes Kind war, und küsste sie und war froh und sagte: »Ein schwerer Stein ist von meinem Herzen gefallen.« Da speiste sie der Engel Gottes noch einmal zusammen, und dann gingen sie nach Hause zu seiner alten Mutter. Da war große Freude überall, und der König und die Königin hielten noch einmal Hochzeit, und sie lebten vergnügt bis an ihr seliges Ende.

Die Entwicklung
des inneren schwachen Mädchens
zur inneren starken Frau

Liebe Leserin, Sie sind mir schon ziemlich weit gefolgt. Dafür möchte ich Ihnen danken. Ich weiß aus meiner Praxis und aus der Erfahrung mit mir und meinen Freundinnen, dass es sehr viel Bereitschaft zur Entwicklung erfordert, sich dem Schattenthema zu stellen. Der persönliche Schatten ist für alle Menschen, egal ob Mann oder Frau, die erste große Hürde, mit der sie sich auseinander setzen müssen, wenn sie ihren Weg in die Innenwelt gehen. Und es ist meine tiefe Überzeugung, dass jeder für sich das Richtige tut, der an irgendeiner Stelle dieses Weges beschließt, diesen bewussten Entwicklungsprozess einzustellen und zu der bisherigen Lebensführung zurückzukehren. Menschen können auf sehr verschiedene Arten ein zufriedenes Leben führen. Therapieschulen, die behaupten, dass nur derjenige Mensch ein gesunder Mensch ist, der den Prozess durchlaufen hat, den ihre Theorie für den besten hält, irren gewaltig. Derjenige Mensch ist ein psychisch gesunder Mensch, der für sich den Weg gewählt hat, mit dem er am besten leben kann. Ob dies in Einklang mit einer bestimmten Theorie steht oder nicht, ist eine absolut zweitrangige Fragestellung.

Ich möchte Sie, wenn Sie sich entschlossen haben, mir weiter zu folgen, dazu einladen, einen nächsten Schritt zu tun. Seien Sie sich jedoch dessen bewusst, dass dieser Schritt nicht einfach sein wird. Und wenn Sie im Verlauf des Kapitels keine Lust mehr haben weiterzulesen, dann unterbrechen Sie die Lektüre. Gehen Sie über zum nächsten Kapitel. Oder werfen Sie das Buch in den Müll. Oder schenken Sie es einem Menschen, von dem Sie glauben, dass er etwas damit anfangen könnte. Es ist mir sehr wichtig, Sie am Anfang dieses Kapitels darauf hinzuweisen, dass Sie beim Lesen vermutlich starke Emotionen erleben werden. Das ist zwar bemerkenswert, aber es macht nichts. Wenn Ihnen das, was ich schreibe, nicht gefällt, dann ist es gut so für Sie. Sie müssen diesen Weg nicht gehen, wenn er für Sie nicht gut ist. Lassen Sie das Weiterlesen einfach bleiben und freuen Sie sich darüber, dass Sie jetzt besser wissen, was Sie in Ihrem Leben sicher *nicht* tun (oder lesen) wollen.

Ich schreibe dieses Kapitel für die Menschen, die weiterlesen *müssen*. Trotz aller Vorbehalte. Trotz stärkster Emotionen. Trotz der Gefühle von Abscheu und Widerwillen. Manche Menschen empfinden es als große Last, sich entwickeln zu müssen. Und sie finden es unverschämt, dass man diesen Vorgang, dem sie nicht entrinnen können, auch noch schönfärberisch »Entwicklung« nennt. Aber sie können nicht anders. Weil das Thema sie nicht loslässt. Sie haben keine Wahl. Sie leiden verdammt darunter, keine Wahl zu haben, und sie sind bereit, jedem, der daherkommt und ihnen die Geschichte von den tollen Möglichkeiten der Selbstverwirklichung erzählt, das Nasenbein zu brechen. Nichts daran ist großartig, und nichts daran macht zunächst Spaß, so viel kann ich Ihnen versprechen. Aber denjenigen unter Ihnen, die nicht anders können, denen einfach nichts anderes übrig bleibt, als sich mit dem ganzen großen Elend zu befassen, denen kann die Jungsche Psychologie einen ganz ordentlichen Rahmen geben, finde ich. Bitte schön, dies ist nichts weiter als ein Vorschlag. Und manchen Menschen hilft er, auch wenn alles am Anfang ziemlich schwierig ist.

Also bedenken Sie: Dieses Kapitel wird vermutlich nicht besonders angenehm! Dieses Kapitel wird nicht lustig, und es zeigt Ihnen mit Sicherheit keinen Weg, auf dem Sie mit Leichtigkeit und Freude durchs Leben tanzen. Ich selber tanze sehr gern mit Leichtigkeit und Freude durchs Leben. Und es gelingt mir auch oft, das zu verwirklichen. Auch finde ich es wirklich gut, wenn mir das gelingt. Aber manchmal will es eben nicht gelingen. Es geht einfach nicht, ob mir das gefällt oder nicht. Etwas anderes taucht auf: das Andere. C. G. Jung nennt es den Schatten. Und der Schatten ist zunächst nicht angenehm, das ist seine Natur. Vermutlich, liebe starke Frau, werden Sie das auf den nächsten Seiten feststellen, denn wir sprechen nun vom Schatten. Dies zur Warnung. Jetzt wird's ernst.

Bevor wir uns jetzt damit befassen, wie sich die Tussi in uns entwickeln kann, wollen wir ihr zunächst einen freundlicheren Namen geben. Dass wir diesen psychischen Anteil im letzten Kapitel »Tussi« genannt haben, hatte den Grund, dass wir ihn im Rahmen des Themas »Schatten« kennen gelernt haben, und Schattenanteile sind nun mal per definitionem höchst unbeliebt. Wir wollen uns diesem Anteil jetzt aber in der liebevollen Absicht zuwenden, ihn zu entwickeln. Dazu müssen wir als Erstes den abwertenden Namen aufgeben. Nennen wir unsere Tussi darum ab jetzt: unser inneres schwaches Mädchen. Sie wird es uns danken.

Dann möchte ich Ihnen auch noch erklären, liebe Leserin, warum in der Jungschen Psychologie Märchen angeschaut werden, wenn man etwas über eine bestimmte Problemlage und deren Lösung wissen möchte. In der Jungschen Psychologie geht man davon aus, dass Märchen Probleme aufgreifen, die für die Allgemeinheit, für das Kollektiv, gelten. Märchen wurden von unbekannten Menschen hervorgebracht und durch Erzählen weitergegeben, dadurch immer wieder verändert und so der jeweiligen Zeit angepasst. Der »Volksmund« erzählt von Dingen, die alle betreffen, sonst hätten sich Märchen nicht so lange erhalten und würden nicht nur bei Kindern jeder Generation, sondern auch bei vielen Erwachsenen immer wieder aufs Neue Faszination auslösen.

Märchen sind so etwas wie eine psychologische Volksschule. Anhand von Märchen lernen die Kinder viel über mögliche Konflikte, in die man im Laufe eines Menschenlebens geraten kann, und sie lernen anhand der Entwicklung der Geschehnisse, wie sich solche Konflikte lösen lassen. Wenn Sie sich noch an das Lieblingsmärchen aus Ihrer Kindheit zu erinnern vermögen (die meisten Menschen können dies), dann wissen Sie, welcher innerpsychische Konflikt in Ihrer Kindheit der wichtigste war. Und wenn Sie (wie die meisten Menschen) als Kind Ihr Lieblingsmärchen immer und immer wieder hören wollten, dann hat Ihre kindliche Seele die Lösungsmöglichkeit, die dieses Märchen vorschlug, in sich aufgesaugt wie ein trockener Schwamm das Wasser.[7]

Märchen sprechen zu uns in einer Symbolsprache, die zeitlos gültig ist. Jeder Mensch kann diese Symbolsprache intuitiv verstehen. Oft ist es allerdings nötig, diese Symbolsprache zu übersetzen und zu interpretieren, um sie auf die heutige Zeit zu übertragen. Genau dies werden wir jetzt mit unserem Märchen tun, um herauszufinden, was es uns über die Entwicklung des schwachen inneren Mädchens zur starken inneren Frau zu sagen hat.

Jedes Märchen stellt einen Mangel oder eine Krisensituation an den Anfang. Nach Jung ist eine ausweglose Situation der klassische Beginn der Entwicklung der Persönlichkeit. In bestimmten Lebenssituationen können Menschen an die Grenzen dessen geraten, was sie mit ihren alten Handlungsmustern, die bisher funktioniert haben, bewältigen können. Eine Krise entsteht. Diese ist für denjenigen, der sie erleiden muss, in jedem Fall etwas sehr Unangenehmes. Sie kann aber auch eine Chance sein. Die Chance nämlich, Persönlichkeitsanteile, die bisher nicht gelebt wurden, neu zu entdecken. C. G. Jung hat herausgefunden, dass Menschen, wenn sie mit dieser Einstellung an Krisen herangehen, daran wachsen können. Sie leben, wenn sie ihre Krise überstanden haben, ein erfüllteres Leben als vorher. Viele Menschen, die durch diesen Prozess gegangen sind, sagen im Nachhinein, dass sie ihre persönliche Krise, so schlimm sie auch gewesen sein mag, auf keinen Fall missen möchten, weil sie auf diesem dornenreichen Weg »zu sich selbst« gefunden haben. Sie beschreiben damit das Gefühl, mehr bei sich selbst zu sein, ein Gefühl des wirklichen Lebens, der erlebten Authentizität.

Tiefenpsychologisch betrachtet haben diese Menschen einen Prozess durchlaufen, der sie mit ihren unbewussten Anteilen in Kontakt gebracht und sie dazu angeregt hat, diese unbewussten Anteile in ihr tägliches Leben mit einzubeziehen. Diejenigen Menschen, die diese Anregung aufgenommen haben, sind auf dem Weg zu psychischer Ganzheit einen Schritt weitergekommen. Jung nennt diesen Prozess »Individuation«. Das ist ein zentraler Begriff in seiner Psychologie, er bezeichnet den Umgang mit den Lebensaufgaben, denen sich jeder Mensch irgendwann einmal stellen muss. Wir werden dem Wort »Individuation« im Folgenden noch häufiger begegnen, weil wir uns jetzt mit den Entwicklungsprozessen befassen, die zur Lösung von Krisen führen.

Eine schwierige Vater-Tochter-Beziehung

Mit dem Leid oder dem Mangel, der jeweils zu Beginn eines Märchens dargestellt wird, beginnt der Individuationsprozess, von dem ich eben gesprochen habe: die persönliche Reifung, die Entwicklung des Helden oder der Heldin hin zu mehr Bewusstheit und Ganzheit. Die äußere Notlage konfrontiert sie mit unbequemen Seiten, die sie bis dahin an sich gar nicht gekannt haben, weil sie unbewusst waren. Wenn wir die Bedeutung der Anfangskrise verstehen, haben wir deshalb einen wichtigen Hinweis auf das Problem, das im jeweiligen Märchen behandelt wird.

Wir finden am Anfang des Märchens »Das Mädchen ohne Hände« beschrieben, wieso eine bestimmte Beziehung zum Vater die Ursache dafür sein kann, dass die Tochter ein »schwaches inneres Mädchen«, tiefenpsychologisch gesprochen ein schwaches inneres Frauenbild, entwickelt. Das Märchen schildert dann den Entwicklungsprozess, den eine Frau durchlaufen muss, um ihr schwaches inneres Frauenbild zu stärken. Die abgehackten Hände symbolisieren die Notlage der Heldin. Ohne Hände kann das Mädchen nicht zugreifen und nicht zupacken. Das Märchen vom Mädchen ohne Hände zeigt uns, wie die seelische und damit auch die äußere Aktivität einer jungen Frau gelähmt wird als Folge einer bestimmten Art von Beziehung zum Vater. Was das Mädchen ohne Hände mit Ihnen, liebe starke Frau, zu tun hat? Es ist Ihr inneres schwaches Mädchen.

Das Märchen beginnt damit, dass es die psychische Situation des Vaters darlegt: Der Müller im Märchen ist in Armut geraten. Es stehen ihm nicht mehr genügend Mittel zur Verfügung, um ein gutes Leben zu führen. Der Lebensfluss ist behindert, die Energien fließen nur noch spärlich. Er hat nur noch seine Mühle und den großen Apfelbaum dahinter. Beim Apfelbaum denken wir an Eva und an das Paradies, der Apfelbaum ist symbolisch verstanden tatsächlich ein Bild von Erotik und Weiblichkeit.

Der Müller geht in den Wald, wo er dem Teufel in Gestalt eines alten Mannes begegnet. Ein dichter Wald ist undurchschaubar und unheimlich, früher lauerten wilde Tiere und Räuber im Wald und überfielen die Wanderer, die sich hineinwagten. Der Wald im Märchen ist daher im Allgemeinen ein Bild für das Unbewusste eines Menschen, das ja auch unbekannt und unheimlich ist. Und wenn der Müller dem Teufel im Wald begegnet, so können wir sagen: Der Müller begegnet einer Macht aus dem Unbewussten. Der Teufel ist eine Seite von ihm. Da die Macht männlich ist und ihre Absichten gefährlich sind, können wir annehmen, dass es sich um eine Schattenseite des Müllers handelt. Was ist nun der Inhalt dieses Schattenaspektes? Der »teuflische« Teil des Müllers begehrt seine Tochter.

»Wenn ich die Tochter zur Frau hätte, wäre mein Leben interessanter und reicher!«, mag der Schatten dem Müller ins Ohr flüstern. Bewusst sind dem Müller diese Wünsche jedoch nicht, er glaubt, er verhandle mit dem Teufel nur über einen Apfelbaum. Erst zu spät merkt er, dass es um seine Tochter und nicht um den Apfelbaum geht. Diese Verwechslung von Tochter und Apfelbaum deutet auf eine Verwirrung in der Beziehung von Vater und Tochter durch erotische Themen hin.

Wir finden hier das Inzestthema, was der Müller natürlich vehement abstreiten würde. Und wenn er abstreiten würde, dass seine Tochter ihn nicht nur als Tochter, sondern auch als Frau interessiert, würde er nicht einmal lügen, denn seine erotischen Phantasien verlaufen unbewusst. Im Grunde sind sie aber verständlich: Im Leben des Müllers fehlt die Erotik, entsprechend blass bleibt im Märchen auch die Beschreibung seiner Ehefrau. Das Eheleben ist vermutlich schal und leer geworden über die Jahre, und das Töchterlein ist inzwischen zu einer jungen Frau erblüht.

Hier wird eine Situation beschrieben, die in der Psychoanalyse »der ungelöste Ödipuskomplex« genannt wird. Im Laufe des Aufwachsens durchläuft jedes kleine Mädchen normalerweise eine Phase, in der es sich in seinen Vater verliebt. Mädchen sagen dann: »Wenn ich groß bin, heirate ich meinen Papi.« In dieser Zeit ist zwischen Vater und Tochter tatsächlich ein erotisches Band zu spüren. Und das ist auch gut so. Im Normalfall ist der Vater der erste Mann im Leben eines Mädchens, er meint es gut mit ihm und möchte ihm dabei helfen, zu einer Frau heranzureifen, die ein erfülltes Leben genießen kann. Im Kontakt mit ihm lernt es die Begegnung mit dem männlichen Prinzip. Beobachten Sie demnächst einmal die kleinen Mädchen, wie sie schon flirten und kokettieren können. Wie wesentlich diese ersten Erfahrungen mit dem Männlichen sind, wissen wir aus der Therapie von Frauen, deren Vater in den ersten Lebensjahren aus was für Gründen auch immer abwesend war. Sie haben als erwachsene Frauen oft große Schwierigkeiten im Umgang mit Männern. Das Männliche ist ihnen fremd, sie fürchten sich davor oder verhalten sich sehr unbeholfen und müssen das, was den kleinen Mädchen mit Vätern, die für es da waren, so mühelos zufliegt, in der Analyse mühsam nachholen.

Wie endet die »Phase der ödipalen Beziehung« zwischen Tochter und Vater im Idealfall? Wenn ihre Entwicklung normal weiterverläuft, erkennt sie irgendwann, dass der Papi schon verheiratet ist, mit der Mami nämlich. Wenn die Beziehung zwischen Mutter und Vater gut und liebevoll ist, gelingt es dem Mädchen, seine Verliebtheit vom Vater zurückzuziehen. Es sagt nicht mehr: »Ich möchte meinen Papi heiraten.« Stattdessen sagt es: »Wenn ich groß bin, möchte ich so eine tolle Frau werden wie meine Mami, um auch so einen tollen Mann zu finden, wie mein Papi einer ist.«

Diese so genannte »Auflösung des Ödipuskomplexes« kann aber nur gelingen, wenn die Mutter dem Mädchen ein Modell von Weiblichkeit vorgibt, das auch erstrebenswert ist. Die Mutter muss glücklich wirken, die Beziehung zwischen Vater und Mutter muss für unser Mädchen tatsächlich ein Vorbild sein. Doch wer von uns starken Frauen hat eine solche ideale Ehe der Eltern erlebt? Sicherlich die wenigsten. Die meisten von uns können sich vermutlich an Mütter erinnern, die öfter ärgerlich, frustriert oder depressiv waren – weil sie sich minderwertig fühlten wegen der Abwertung der Frau im Patriarchat. Aus diesen Gründen gelang auch den meisten von uns der Entwicklungsschritt aus dem Ödipuskomplex heraus nicht. Die Mutter war kein Modell für eine zufriedene Frau, wir wollten nicht werden wie sie, und darum blieb der Ödipuskomplex bestehen. Auch im Märchen tritt die Mutter unserer Heldin nicht besonders attraktiv in Erscheinung. Ihr Bild bleibt für uns farblos, genauso wie das Bild der Mutter in der Psyche einer Frau mit einem »ungelösten Ödipuskomplex«.

Beim Vater wiederum kann es passieren, dass er insgeheim, in den meisten Fällen unbewusst, denn offiziell darf das ja nicht sein, sein Töchterlein für die idealere Partnerin hält, als es seine Frau für ihn ist. Mit dem Töchterlein wird dann geflirtet, und mit dem Töchterlein werden geheime Blicke ausgetauscht. Vater und Tochter bleiben durch ein unsichtbares erotisches Band aneinander gefesselt.

Was bedeutet es für eine junge Frau, wenn sie in einer solchen Atmosphäre aufwächst? Solange sie auf diese unbewusste Art mit ihrem Vater verbunden bleibt, kann sie sich psychisch nicht von ihm ablösen. Innerlich reift sie nicht zur Frau heran, sie bleibt immer die Tochter. Als Folge davon kann sie natürlich auch keine geglückte Beziehung zu einem anderen Mann eingehen.

Wie äußert sich nun in unserem Märchen diese psychologische Schwierigkeit für die Heldin, wirklich erwachsen zu werden und eine weibliche Identität zu finden, die einer erwachsenen Frau entspricht? Wie kann sie es schaffen, nicht länger in der Rolle der Tochter zu verharren?

Die »reine« Tochter

Die Tochter des Müllers wird beschrieben als ein schönes und frommes Mädchen, das in Gottesfurcht und ohne Sünde lebt. Als der Teufel es holen möchte, wehrt es ihn ab, indem es sich reinwäscht. Die übertrieben »reinen« Mädchen haben aber fast alle »den Teufel im Leib«, das wissen wir aus der Psychotherapie. Ihnen, liebe Leserin, ist sicher auch das eingefallen, was ich über den Schatten gesagt habe. Je einseitiger wir leben, umso extremer ist unser Schatten. Die Szene vom Mädchen, das sich wäscht, um sich vor dem Teufel zu schützen, schildert uns eine junge Frau, die zu den wilden und aktiven Seiten des Weiblichen keinen Kontakt hat. Ihr Triebleben mit seiner möglicherweise überbordenden Gier und all den dazugehörigen Verwerflichkeiten« hat sie abgespalten. Sie lebt in Furcht vor Gott, sie ist eine gehorsame Tochter gegenüber Gottvater und seinen Gesetzen.

Weil sie innerlich nichts weiter ist als Tochter, traut sie es sich noch nicht zu, ihre eigenen Gesetze zu entwickeln und entsprechend ihren eigenen Vorstellungen aktiv zu werden. Wer aktiv wird, übernimmt Verantwortung für das, was er tut. Wer aktiv wird, geht aber gleichzeitig das Risiko ein, Fehler zu machen und möglicherweise auch schuldig zu werden. Wenn eine Frau auf Grund der Gesetze, die sie sich selbst gegeben hat, aktiv wird, muss sie auch die Verantwortung für ihre Fehler und ihre möglichen Irrtümer übernehmen. Sie kann sich nicht mehr auf Gottvater berufen, dessen Regeln sie befolgt hat. Eine junge Frau, die sich ausschließlich darum bemüht, ohne Sünde zu leben, also gewisse moralische Regeln zu erfüllen, vermeidet diese Auseinandersetzung und diese Verantwortung. Sie lebt im ständigen Bemühen, sich dem vom »Übervater« gesetzten Rahmen anzupassen. Sie muss in dieser Rolle zwar viel erdulden und auf vieles verzichten, aber ihr Gewinn ist die Reinheit und die Unschuld. Die Schuld für alles, was schief läuft, haben dann immer die anderen. (Alle Männer sind Schweine...)

Die starken Frauen, die solch ein schwaches Mädchen als innere Frauenfigur besitzen, können sich mit diesem Märchenmotiv erklären, warum sie so leicht zu Opfern werden können, sobald sie es mit starken Männern zu tun haben: Sie fallen sofort in die Rolle der Vater-Tochter. Viele Frauen finden es aus denselben Gründen wie unser Mädchen ohne Hände attraktiv, in der Rolle des Opfers zu verharren. Weil das innere schwache Mädchen jedoch eine Schattengestalt der starken Frauen ist, ist dieser Umstand den Frauen nicht bewusst. Auch ihre Bereitschaft, die Opferrolle einzunehmen, ist ihnen nicht bewusst. Und die Tatsache, dass diese innere Schattentochter unbewusst aktiv ist, macht sie gefährlich, denn sie steuert die starken Frauen insgeheim und ohne ihr Wissen. Gerade weil sie nicht bewusst ist, kann sie von den starken Frauen weder hinterfragt noch kontrolliert werden.

Dieses innere Mädchen ohne Hände ist es, das starke Frauen immer wieder in Gefahr bringt, sich Männern zu unterwerfen und deren Gesetze wichtiger zu nehmen als ihre eigenen. In ihrer bewussten Einstellung sind starke Frauen aktiv, sexuell befreit und autonom. Aber ihre innere Schattenfigur benimmt sich wie das Mädchen ohne Hände. Sie ist durch und durch harmlos und der Willkür der Männer hilflos ausgeliefert. Sie möchte so gerne keine Verantwortung tragen müssen, möchte so gerne an einer starken Schulter lehnen und flüstern: »Ach, mach du nur, was du für richtig hältst, mein großer, starker Bär!«

Wichtig ist für alle starken Frauen, die an dieser Stelle des Buches angelangt sind: Erinnern Sie sich daran, dass das schwache innere Mädchen im Schatten wohnt, das heißt, dass Ihnen seine Existenz nicht bewusst ist. Starke Frauen bemerken dieses Mädchen in ihrem Bewusstsein lediglich daran, dass in ihnen plötzlich Bedürfnisse und Strebungen auftauchen, deren sie sich selbst schämen und die sie eigentlich auch niemandem erzählen möchten, weil sie ihnen wirklich extrem peinlich sind. Denn, wie gesagt, sie passen überhaupt nicht zu dem Bild, das die starke Frau von sich selbst hat und auch weiterhin gerne haben möchte. Aber: je stärker die Frau, desto schwächer das innere Mädchen. Starke Frauen sollten sich der Auseinandersetzung mit dieser inneren Gestalt stellen, denn nur dann können sie ihr Gefühlschaos dauerhaft in den Griff kriegen. Im weiteren Verlauf des Märchens werden wir sehen, was getan werden muss, um das innere schwache Mädchen zur starken Frau werden zu lassen.

Unsere Heldin frönt also ihrem Waschzwang, lebt rein und ohne Sünde, und der Teufel kann sie nicht in seine Macht bekommen. Der Teufel jedoch ist nicht auf den Kopf gefallen und befiehlt dem Vater, der Tochter alles Wasser wegzunehmen, sodass sie ihr Reinheitsritual nicht mehr zelebrieren kann. Als Folge davon fängt das Mädchen an, bitterlich zu weinen.

Es ist sehr wichtig, dass unsere Heldin zu Beginn ihres Abenteuers so viel weinen muss, denn nur so hat sie die Chance, ihren inneren Schmerz zu erfahren und sich nicht in der freiwilligen (und frommen) Selbstbeschränkung behaglich einzurichten. Damit sind wir beim Thema »Weinen« angelangt. Die Tränen der starken Frau. Starker Tobak. »Was soll das? So ein Blödsinn! Wollen wir nicht«, höre ich Sie rufen.

Die Tränen

Ich habe Sie gewarnt, liebe mutige Leserin! Dieses Kapitel wird nicht unbedingt angenehm. Zunächst wenigstens. Manchmal sind starke Frauen drei Jahre bei mir in Analyse, bevor sie mir das erste Mal ihre Tränen zeigen. Manchmal geht es auch schneller. Immer jedoch ist das Zeigen der Tränen mit einer Art Quantensprung im Prozess der Psychoanalyse verbunden, mit einem äußerst mutigen Schritt von ihr, meiner Klientin, weit hinein in die Innenwelt der starken Frau. Wohlgemerkt: Es braucht große Überwindung für die starke Frau, ihre Tränen zu zeigen; zunächst ja ausschließlich mir zu zeigen, ihrer Analytikerin, einer Person ihres Vertrauens, der sie sich ohne Gefahr öffnen könnte, mit der zusammen sie ihre Innenwelt erforschen will! Das Zeigen der Tränen sogar gegenüber einer so durch und durch vertrauenswürdigen und zutiefst loyalen Person wie der persönlichen

Analytikerin ist für starke Frauen, dies müssen Sie wissen (und ahnen es sicherlich auch schon), ein riesiger Schritt. Es ist zum Beispiel viel leichter für starke Frauen, mir ihre Wut zu zeigen. Aggression und Zorn sind für starke Frauen kein großes Problem. Die Tränen der starken Frau sind es jedoch, die für mich den größten Vertrauensbeweis darstellen, den sie mir, ihrer Analytikerin, schenken können. Übrigens: Ich weiß dies zu schätzen, verlassen Sie sich drauf. Ich weiß, wie es Ihnen geht. Ich bin selbst eine von der Sorte.

Starke Frauen wollen nicht weinen. Sie hassen es, Krokodilstränen zu vergießen. Sie haben gelernt, stark und sachlich zu sein, und sie haben viel dafür getan, dieses Ziel zu erreichen. Sie haben gute Arbeit geleistet, und sie wollen diese Errungenschaft nicht aufgeben. Und damit haben sie Recht, Recht, Recht! Nichts davon ist schlecht, alles daran ist gut, nichts davon soll aufgegeben werden!

Die Tränen der starken Frau tauchen in der Analyse immer langsam auf. Erst sind es nur ein Paar gerötete Augen, die ich bemerke und die mit dem Hinweis auf Pollenallergie oder Staubkörnchen zwischen den Kontaktlinsen von der starken Frau pragmatisch und effektiv entsorgt werden. Danach erscheint die einzelne Träne, die auf der Wange der starken Frau im Zeitlupentempo herunterkullert. Diese Träne darf existieren, darf für Sekundenbruchteile schon von mir wahrgenommen werden, wird von der starken Frau jedoch regelmäßig mit einem Tempotaschentuch schnell und zuverlässig entfernt. Ein kräftiges Schniefen, gefolgt von einem tapferen: »Lassen Sie nur, es geht schon wieder!«, beendet diese Etappe der Analyse. Ich freue mich über das Geschenk, das die starke Frau mir gemacht hat, lächle deshalb ruhig und zufrieden und harre der Dinge, die da kommen werden.

Die Dinge kommen. Die Tränen der starken Frau mehren sich. Erst kullern zwei davon, eine aus dem rechten Auge und eine aus dem linken Auge. Dann kullern vier, dann braucht es schon zwei Tempotaschentücher, dann drei. Dann sagt die starke Frau, kurz vor dem Ende der Stunde: »Könnte ich vielleicht Ihre Toilette benutzen, ich muss ja fürchterlich aussehen! Ich muss mein Make-up richten, ich kann doch so verheult nicht auf die Straße!« Natürlich, selbstverständlich kann die starke Frau auf meiner Toilette ihr Make-up richten. Keine Frage. Und sie tut es auch. Kein Außenstehender soll bemerken, was in der Analysenstunde geschehen ist, denn das ist ihr ganz gegen ihren Willen passiert.

Und dann ist es so weit. Die starke Frau kommt in die Stunde und hat sich entschlossen zu weinen. Sie ist wieder und wieder zu ihrer Analytikerin gegangen, hat wieder und wieder die Rechnung bezahlt, die ihre Analytikerin dafür gestellt hat, dass sie bereit ist, die starke Frau auf ihrer Reise in die Innenwelt zu begleiten. Und die starke Frau, die doch eine Reise in ihre Innenwelt antreten wollte, hat festgestellt, dass sie einen sehr kompetenten Profi und Innenweltexperten bisher lediglich dafür bezahlt hat, ihr zu glauben, dass sie eine wirklich starke Frau sei. Die starke Frau fragt sich, warum sie in der Analyse immer öfter so gerne weinen möchte, sie fragt sich, warum die Tränen kommen wollen, sie weiß mit diesen Impulsen nichts anzufangen, und sie mag diese Impulse überhaupt nicht. Aber sie ist Geschäftsfrau genug, um sich zu sagen: »Wenn ich schon so viel Geld bezahle, dann soll diese Analytikerin jetzt einmal schauen, was sie mit dieser elenden verheulten Kacke anfangen kann. Schließlich kriegt sie ja ein Honorar.« Die starke Frau packt ausreichend Tempotaschentücher, Puder, Augenentrötungscreme und Rouge ein. Für alle Fälle noch eine Sonnenbrille. Die starke Frau sorgt dafür, dass die Stunde bei der Analytikerin nicht kurz vor einem wichtigen Geschäftstermin liegt. Dann kommt sie in die Stunde, entschlossen, ihre gottverdammten Tränen zu zeigen. Gerüstet fürs Weinen.

Zunächst passiert dann erst mal gar nichts. Niemand weint, die Stunden verlaufen friedlich und entspannt. Eigentlich gibt es gar kein Problem, eigentlich ist alles in Butter. Und eines Tages dann, wenn niemand damit rechnet, wenn es am wenigsten wahrscheinlich scheint, genügt ein halber Satz der Analytikerin, ein Vögelchen, das auf eine bestimmte Art vor dem Fenster pfeift, ein Sonnenstrahl, der genau so und nicht anders auf einem grünen Blatt tanzt, dass die Tränen kommen. Und sie kommen wie eine befreiende Flut, und sie wollen geweint werden. Sie wollen geweint werden, einfach so, einfach um ihrer selbst willen. Und die starke Frau weint, sie weint bitterlich. (»Bitterlich, so ein blödsinniges Wort«, denkt die starke Frau, während sie weint.) Und sie merkt, dass sie bitterlich weint und dass das bitterliche Weinen ihr gut tut. Sie spürt, dass sie nicht aufhören möchte, bitterlich zu weinen, weil auf irgendeine komische Art ihr Körper sich dabei entspannt. Und während sie bitterlich weint, denkt sie, weil sie eine starke Frau ist, auch noch darüber nach, was ihre Analytikerin jetzt wohl über sie denkt, ob ihrer Analytikerin jetzt wohl noch eine Intervention einfällt, jetzt, wo sie, die starke Frau, auf einmal so bitterlich weint und keine vernünftige Äußerung mehr von sich gibt. Dann gehen der starken Frau noch kurz alle Verwandten und Bekannten durch den Kopf, die sie jetzt so sehen könnten, und dann weint sie weiter, einfach, weil es so gut tut, endlich weinen zu können. Und die starke Frau ist glücklicherweise inzwischen mutig genug geworden, um sich auf das Abenteuer der Tränen einzulassen, und darum traut sie sich, einfach so vor sich hin zu weinen, ohne mit ihrem Kopf genau einschätzen zu können, wozu diese Weinerei jetzt genau gut sein soll.

Ich betrachte die weinende starke Frau, spüre die Wärme in meinem Herzen, die immer dann auftaucht, wenn Menschen Zugang zu verborgenen Gefühlen bekommen, und freue mich über den Mut und die Entschlossenheit meiner Klientin. Wie schön. Alles ist auf gutem Wege. »Um Himmels willen, auf welchem guten Wege denn«, wollen Sie wissen? (Schnief) Immer mit der Ruhe. Lassen Sie uns nachsehen, was unsere Heldin im Märchen tut.

Die Hilflosigkeit

Nachdem das Weinen begonnen hat, kann unsere Heldin die Auseinandersetzung mit dem Vater beginnen. Sie muss allerdings noch einen weiteren Schritt tun, damit sie nicht »zum Teufel geht«. Das Mädchen lässt sich vom Vater die Hände abhacken und büßt damit die eigene Führung seiner selbst und die Beeinflussung seines Schicksals ein. Tiefenpsychologisch gesprochen: Unsere Heldin muss jegliche Aktivität aufgeben, nur so kann sie sich vom schädlichen Einfluss des Vaters in ihrer Psyche befreien. Sie kommt in Kontakt mit ihrer Hilflosigkeit, und dieser Prozess wird im Märchen als sehr schmerzvoll beschrieben. Durch das bewusste Erleben dieses tiefen Leids und durch die vielen Tränen, die darüber vergossen werden, verliert jedoch der Teufel seine Macht. Das Mädchen ist aus der schädlichen Verbindung mit dem erotischen Schattenaspekt des Vaters herausgetreten und stellt sich der eigenen Wehr- und Hilflosigkeit.

Sie, liebe Leserin, müssen jetzt natürlich nicht zu Ihrem Vater gehen und sich die Hände abhacken lassen. Darum geht es nicht. Es geht um die Bewusstwerdung des gefährlichen Aspektes der Vaterbeziehung. Eine Klientin von mir träumte in dieser Phase der Analyse folgenden Traum:

Ich sitze mit meinem Vater in dessen Arbeitszimmer. Er hat vor sich auf dem Tisch eine Art kleine Guillotine stehen. Er schlägt mir vor, ein Spiel mit ihm zu spielen. Ich soll meine Hand in die Guillotine legen. Wenn ich verliere, lässt er das Beil herabfallen. Ich weiß nicht, was ich tun soll. Mir kommt alles sehr unheimlich vor.

Dieser Klientin wurde durch ihren Traum deutlich, welch gefährlich beschneidenden Aspekt ihre Beziehung zu ihrem Vater hatte. Sie begann sich zu fragen, in welchen Teilen ihres bisherigen Lebens dieser Aspekt zum Tragen gekommen war, ohne dass sie es je wahrgenommen hatte. In ihrer bewussten Einstellung hatte sie sich bisher ja immer als zupackende und selbstbewusste Frau gesehen. Das kleine Mädchen in ihr, das gefährliche Spiele mit dem Vater spielt, hatte sie bisher noch nicht gekannt.

Dies zur Verdeutlichung. Zurück zum Märchen. Was passiert nun, nachdem die heile, aber neurotische Welt des Mädchens auf so dramatische Weise zusammengebrochen ist? In unserem Märchen widersteht das Mädchen ein letztes Mal den Verführungskünsten des Vaters, der verspricht: »Ich werde dich zeitlebens aufs Köstlichste halten!«, indem es antwortet: »Hier kann ich nicht bleiben: Ich will fortgehen; mitleidige Menschen werden mir schon so viel geben, wie ich brauche.« Unsere Heldin verlässt das väterliche Nest, in dem sie die heimliche Hauptperson war, und begibt sich hinaus in die unwirtliche Welt, im vollen Bewusstsein ihrer völligen Hilflosigkeit. Zu dieser Aktion gehört großer Mut. Das Mädchen ohne Hände spricht von »mitleidigen Menschen«, auf deren Hilfe es vertraut. Es ist offenbar wichtig für das Mädchen, dass es sich und sein Schicksal anderen Menschen anvertraut.

Dieser Entschluss unserer Heldin gibt uns Hinweise für die psychische Entwicklung der starken Frau. In dieser Phase des Prozesses ist es besonders wichtig, darauf zu achten, dass das, was in der bewussten Einsicht allmählich deutlicher erkannt wird, auch im realen Leben umgesetzt wird und nicht im Stadium des Theoretisierens oder der Phantasie verbleibt. Für die Entwicklung unserer Heldin ist es wesentlich, dass sie im vollen Bewusstsein ihrer Ohnmacht in die Welt hinausgeht und den Schmerz darüber nicht zu verbergen versucht. Im Gegenteil: Sie lässt sich ihre ohnehin verstümmelten Hände auch noch ostentativ auf den Rücken binden, eine Verdoppelung des Motivs der Wehrlosigkeit. Ihre Aufgabe besteht darin, das, was in ihrer Psyche an neuer Entwicklung stattgefunden hat, auch der Außenwelt zu zeigen. Unsere Heldin muss, um sich entwickeln zu können, bereit sein, sich selber retten zu lassen. Sie muss die eigene Schwäche eingestehen – vor sich und vor anderen. Um zu einer aktiven und autonomen Frau zu werden, muss sie zunächst – so paradox und merkwürdig das klingen mag – mit der völligen Passivität Bekanntschaft machen.

Starke Frauen, die mit ihrem inneren schwachen Mädchen Bekanntschaft schließen, sind meistens zutiefst schockiert von dem Gefühl der völligen Hilflosigkeit, das diese innere Figur mit sich bringt. Um ihren Schatten zu integrieren, bleibt der starken Frau aber nichts anderes übrig, als sich diese Schwachstelle aufrichtig einzugestehen. Diese Phase der Therapie bringt für die starke Frau oftmals große Probleme in ihrem sozialen Umfeld mit sich. Sie beginnt sich als bedürftig und hilflos zu zeigen. Starke Frauen in dieser Phase des Prozesses können übrigens gar nicht anders. Wenn sie einmal in Kontakt mit ihrer schwachen Schattengestalt gekommen sind, haben sie es so satt, immer die Starke zu sein! Es hängt ihnen zum Halse raus, sich immer die Probleme der anderen anzuhören, sie haben auch Probleme! Sie haben genug davon, die Tränen der anderen zu trocknen, sie wollen, dass jemand ihre Tränen trocknet! Aber die Rolle der Hilfsbedürftigen ist neu, für die starke Frau selbst wie für ihre Freundinnen und Freunde. Sie hat doch immer als die Robuste gegolten, und auf einmal kommt sie so mimosenhaft und schwächlich daher! Meine Analysandinnen berichten in dieser Phase der Persönlichkeitsentwicklung oft von Freundschaften, die in die Brüche gehen. Freundschaften oder Partnerbeziehungen, die einseitig darauf aufgebaut waren, dass die starke Frau durch nichts zu erschüttern ist, geraten jetzt vielleicht in eine Krise oder werden unter Umständen ganz beendet. Aber keine Sorge, die starke Frau, die ihr inneres schwaches Mädchen in ihr bewusstes Leben mit einbezieht, wird neue Freunde oder Partner finden, die sie auch schwach kennen und die Freude daran haben, ihr Hilfe zu geben, wenn sie sie braucht. Im Märchen geschieht diese Entwicklung ebenfalls.

Die Mutter

In diesem ganzen Märchengeschehen ist auch die Rolle der Mutter des Mädchens für uns von Interesse. Obwohl ihr Mann die gemeinsame Tochter an den Teufel verkauft hat, verhält sie sich solidarisch mit dem Angetrauten. Sie macht ihm keine Szene, keinen Ärger und unternimmt nichts, um ihre Tochter zu retten. Sie bleibt passiv und farblos und lässt den Mann gewähren. Eine solche Mutter ist natürlich für eine Tochter im Banne der »ödipalen Verstrickung« mit dem Vater kein Modell für aktives weibliches Verhalten. So eine Frau zu werden, scheint nicht erstrebenswert. Oft finden sich bei Frauen mit einem Vater wie dem Müller im Märchen auch Mütter mit unentwickelter Durchsetzungskraft. Diese Mütter haben ebenfalls dazu beigetragen, im Schatten der starken Frau das Bild entstehen zu lassen, dass alles Weibliche schwach und dem Mann unterlegen ist. Um zu einer starken Frau zu werden, muss sich unsere Heldin daher auch noch mit ihrem Mutterbild und ihrer Vorstellung von Weiblichkeit generell auseinander setzen. Diesen Prozess werden wir in der nächsten Szene des Märchens entdecken können.

Unsere Heldin macht sich also auf den Weg der Individuation. Nicht zufällig gelangt sie bei Mondschein in den Obstgarten. Der Mond ist ein bekanntes Symbol für das Weibliche, und die Szene weist darauf hin, dass die Entwicklung von der schwachen zur starken inneren Frau bei der grundlegenden Auseinandersetzung mit dem archetypisch weiblichen Prinzip beginnt. Erinnern Sie sich, was wir im ersten Kapitel über den Archetyp gesagt haben? Wenn wir uns mit Archetypen befassen, müssen wir sorgfältig unterscheiden zwischen dem Inhalt des Archetyps und der Bewertung dieses Inhalts. Der Inhalt selbst ist zeitlos und weltweit gültig. Seine Bewertung kann aber variieren von Kultur zu Kultur und von Epoche zu Epoche. Wie wir aus der Anfangsszene des Märchens wissen, hat unser Mädchen von seiner persönlichen Mutter keine besonders attraktive Vorstellung von Weiblichkeit mitbekommen. Diese Vorstellung muss sich ändern. Damit die starke Frau ihre Weiblichkeit annehmen kann, muss das Weibliche als wertvoll erkannt werden. Schauen wir, wie dies im Mädchen dargestellt wird.

Das Mädchen kommt in der Nacht, bei Mondschein, zu einem königlichen Garten voller Birnbäume, der von einem »Wasser« umschlossen ist. Das Motiv des Mondscheins deutet zweierlei an: Zum einen wird angesprochen, dass die Vorgänge, die vom sanften Licht des Mondes und nicht vom hellen Licht der Sonne beschienen werden, im Unbewussten stattfinden. Es handelt sich bei der folgenden Entwicklung also um einen Prozess, den das Mädchen zunächst nicht bewusst erlebt. Zum anderen haben wir das Symbol des Mondes mit seinem sanften Silberlicht bereits als ein Bild des Weiblichen eingeführt (im Gegensatz dazu ist die Sonne mit ihrem starken, goldenen Licht ein Symbol des Männlichen). Auch das Wassermotiv können wir als Hinweis auf das Weibliche sehen, und zwar mit Betonung des Mütterlichen. Hedwig von Beit schreibt: »Wasser hat meist weiblich-mütterliche Bedeutung als Sinnbild für das aus dem Unbewussten stammende seelische Leben.«[8] Sie entdeckt sogar im »Bühnenbild« der ganzen Gartenszene einen Hinweis auf das Weibliche[9]: Sie sieht den königlichen Garten voller Früchte als Symbol des hegend umschließenden Mutterleibes, als eine Art Gebärmutter. Auch die Birnen an den Obstbäumen, durch ihre Form als weibliches Symbol gekennzeichnet, die umgeben sind von Wasser, deuten auf ein ursprüngliches mütterliches Symbol hin, nämlich das Fruchtwasser. In diesem Sinne ist die vorliegende Szenerie ein Symbol des mütterlichen Urgrundes der menschlichen Seele.

Das erscheint Ihnen, liebe Leserin, etwas kompliziert? Ich traue Ihnen zu, dass Sie seine Bedeutung verstehen, es ist mir wichtig, dass Sie sie nachvollziehen. Denn in diesem Bild wird ein ganz wesentliches Element weiblicher Kraft angesprochen. Die Frau hat die Fähigkeit, Leben zu spenden und Leben zu erhalten. Dies ist ein riesengroßes Potenzial, dessen müssen sich Frauen bewusst sein. In unserer heutigen Zeit wird dieses Potenzial oft abgewertet, dies sieht man ganz deutlich an der mangelnden Achtung, die Frauen bekommen, wenn sie als Beruf »Nur-Hausfrau« angeben müssen. Die Universitätsprofessorin, die Managerin, die Redakteurin genießt gesellschaftliche Anerkennung. Die »Nur-Hausfrau« befindet sich diesbezüglich in einer sehr viel schlechteren Ausgangsposition.

Unsere Heldin kommt in Kontakt mit der großen Kraft, die in jeder Frau wohnt. Das Frausein als solches wird in seiner ursprünglichen Macht von ihr erfahren. Diese Erfahrung ermöglicht ihr den nächsten Schritt der Entwicklung. Sie hat großen Hunger, denn sie ist den ganzen Tag gelaufen und hat noch nichts gegessen. Aber ihre Handlungsfähigkeit ist immer noch eingeschränkt, die Hände sind auf dem Rücken festgebunden, und sie kann sich nicht selbst um Essen kümmern. Psychologisch gesehen steht dieses Bild für eine seelische Bedürftigkeit, für die das Bewusstsein keine Lösung bereithält. Unsere Heldin betet zu Gott, sie betet zu einer höheren Macht darum, dass diese Bedürftigkeit gestillt werde. Und siehe da: Ein Engel erscheint und hilft ihr, in den Garten zu gelangen.

Der Engel

Das Motiv des Engels finden wir in vielen Märchen, und es verdient, aus tiefenpsychologischer Sicht ausführlicher besprochen zu werden. Betrachten wir zunächst das Symbol selbst: Ein Engel kommt dann, wenn wir selbst aus eigener Kraft nichts mehr tun können, und hilft uns einen entscheidenden Schritt weiter. Intuitiv ist für jeden verständlich, dass es sich hier um ein Wunder handelt. Gibt es das tatsächlich in unserer Welt? Dürfen wir, wenn wir das Wagnis der Individuation eingehen, auf Wunder und Engel hoffen? Ist das nicht esoterischer Humbug? Aus tiefenpsychologischer Sicht nicht, liebe Leserin. Ob es Engel gibt oder nicht, darüber kann die Jungsche Psychologie natürlich keine Aussagen machen. Ob man an Engel glauben soll oder nicht, ist eine Frage, mit der sich die Religionswissenschaft befasst, nicht die Psychologie. Aus tiefenpsychologischer Sicht können wir jedoch festhalten, dass in der menschlichen Psyche Prozesse geschehen können, die dem bewussten Ich wunderbar vorkommen. Sie erscheinen deswegen wunderbar, weil das bewusste, vernunftgesteuerte Ich nichts zu diesen Prozessen beigetragen hat. Sie geschehen scheinbar von selbst, sie sind unvorhersehbar, auf einmal fällt etwas vom Himmel. Ein plötzlicher Einfall, eine spontane Handlung, ein scheinbarer Zufall, der uns neue Wege im Leben öffnet. Diese Geschehnisse gibt es, und im Märchen werden sie durch das Erscheinen eines Engels symbolisiert.

Wir dürfen, wenn wir den Engel psychologisch deuten wollen, jedoch nicht bei Glaubensfragen stehen bleiben. Auch aus den Naturwissenschaften kennen wir Prozesse, in denen ohne äußeres Zutun Neues entsteht. Diese Prozesse werden im Rahmen von Chaostheorie und Selbstorganisationstheorie in den letzten Jahren intensiv beforscht. Die Wissenschaftlerinnen und Wissenschaftler, die auf diesem Gebiet tätig sind, beschäftigen sich mit der selbstorganisierenden Entstehung von Ordnung aus Unordnung. Sie untersuchen Aktienkurse, Schwankungen von Tierpopulationen, das Entstehen von Hurrikans, von Wasserwirbeln und von vielfarbigen chemischen Uhren. Das Phänomen der Entstehung von Ordnung aus Unordnung findet sich in allen Bereichen des Lebens, in der Biologie, in der Physik, in der Chemie und eben auch beim Menschen. In der Selbstorganisationstheorie wird dieses Phänomen »Emergenz« genannt. Etwas Neues entsteht, das nicht allein mit den Elementen des alten Zustandes erklärt werden kann. Ein Schöpfungsakt hat stattgefunden. C. G. Jung hat, als er seine Untersuchungen über die menschliche Psyche machte, die Theorien der modernen Naturwissenschaften noch nicht zur Verfügung gehabt, und so hat er für seine Entdeckung auch noch nicht die Worte benutzen können, mit denen diese Phänomene heutzutage allgemein wissenschaftlich anerkannt beschrieben werden können.

Jung hat dem Phänomen, das wir heute »Emergenz« nennen, den Namen »transzendente Funktion« gegeben. Er wollte damit das Erleben der Menschen, die solch ein selbstorganisierendes Phänomen bei sich selbst oder bei anderen erlebt hatten, in Worte fassen. Es ging ihm dabei um die Tatsache, dass sich in der menschlichen Psyche ein Einstellungswandel vollziehen kann, der Lösungen mit sich bringt, die alles, was der Verstand sich an Lösungsmöglichkeiten bisher ausdenken konnte, übersteigen. Vielleicht kennen Sie das von sich selbst oder aus dem Freundeskreis: Sie sprachen mit Freunden oder Freundinnen über ein scheinbar unlösbares Problem. Nach einiger Zeit treffen Sie eine alte Freundin, mit der Sie damals intensiv über Lösungsmöglichkeiten diskutiert haben. Die Freundin fragt interessiert: »Was ist denn eigentlich jetzt daraus geworden? Hast du dies gemacht, oder hast du dich doch zu jenem entschlossen?« – »Ach«, lachen Sie, »weder, noch. Es ist alles ganz anders gekommen. Lass dir erzählen…«

Jung hat entdeckt, dass im Verlauf der Individuation, wenn der Mensch beginnt, mit seinem Unbewussten in Kontakt zu treten, durch diese Kontaktaufnahme derartige Prozesse angeregt werden. Zu Beginn der Individuation ist oft nicht vorhersehbar, wie sich der Mensch entwickeln wird, weil Teile seiner Entwicklung ohne das Dazutun des bewussten Ich ablaufen. Dies ist übrigens auch der Grund, warum manche Menschen Angst davor haben, eine Psychoanalyse zu beginnen. Der Weg der Individuation ist oftmals unberechenbar. Jung hat deshalb die Psyche als ein selbstorganisierendes System beschrieben und seine psychotherapeutische Vorgehensweise auf diese Tatsache hin ausgerichtet. Zu seiner Zeit erntete er damit bei manchen Kolleginnen und Kollegen den Ruf eines Spinners. In der heutigen Zeit ist sein psychotherapeutisches System eines, das den modernen wissenschaftlichen Erkenntnissen zur Funktionsweise lebendiger Systeme am besten entspricht.

Nach diesem wissenschaftlichen Exkurs zum Engelsmotiv können wir uns mit einem besseren Verständnis unserem Märchen zuwenden und verstehen, was das Beten für eine psychologische Bedeutung hat: Das Mädchen ohne Hände sieht ein, dass es für sein Problem keine rationale Lösung mehr gibt, und gerade dadurch ermöglicht es einen inneren Selbstorganisationsprozess. Es muss übrigens nicht zum bärtigen Gottvater gebetet werden. Den psychischen Zustand, von dem hier die Rede ist, erreichen Sie auch durch Meditation. Die Erfahrung von innerpsychischer Selbstorganisation grenzt für unseren Menschenverstand an ein Wunder und wird deshalb oft in einem religiösen Bild ausgedrückt, wie wir es in unserem Märchen im schneeweißen Engel Gottes vorfinden. Der Engel hilft dem Mädchen, über das Wasser und damit in den Garten zu kommen.

Die ursprüngliche Frauenkraft

Im Garten kommt das Mädchen in Kontakt mit dem archetypisch Weiblichen, mit der ursprünglichen Frauenkraft, die noch nicht von unserer patriarchalen Kultur entwertet worden ist. Das Mädchen holt sich durch das Essen der Birne vom Baum seelische Energie von der archetypischen Mutter. Die archetypische Mutter findet sich, wie alle Archetypen, in jedem Menschen. In der Frau ist es die Anlage für ihre eigene Fähigkeit, zu bemuttern und mütterlich zu sein. Es ist die Voraussetzung zur Lösung einer ödipalen Verstrickung mit dem Vater, dass sich die Tochter mit der als gut erlebten Mutter identifizieren kann. Wenn das Leben selbst es einer Frau versagt hat, ihr eine Mutter zur Verfügung zu stellen, mit deren Modell von Frausein sie sich identifizieren kann, so bleibt ihr, um ihre seelische Gesundheit zu gewinnen, immer noch der Kontakt mit dem Archetyp, zu dem sie über das kollektive Unbewusste Anschluss finden kann. Wenn unsere Heldin im Leben keine Mutter hatte, die ihr die Basis für ihre Persönlichkeitsentwicklung bereitgestellt hat, so kann sie jetzt ihre archetypische Mutter in sich selbst finden.

Wie haben wir uns diesen Kontakt mit der archetypischen Mutter im alltäglichen Leben vorzustellen, der es uns ermöglicht, einen positiven Zugang zu unserer Weiblichkeit zu finden? Eine Umbewertung des Weiblichen kann auf vielen Ebenen stattfinden. Eine Klientin zum Beispiel träumte in dieser Phase der Analyse, dass sie aufgefordert wurde, ihren Goldschmuck abzulegen und Silberschmuck zu tragen. Da sie über die Symbolik von Gold und Silber nichts wusste, konnte sie zunächst mit diesem Traum nicht viel anfangen. Ich erklärte ihr, dass Silber das Symbol des Weiblichen sei und Gold das

Symbol des Männlichen, und fragte sie, ob sie einen Zusammenhang zwischen dem Traum und ihrem alltäglichen Leben herstellen könne. Das konnte sie. Eigentlich mochte sie Silberschmuck am liebsten. Bei öffentlichen Auftritten jedoch legte sie immer Goldschmuck an, weil sie davon ausging, dass sie damit »besser rüberkomme«. Mit Silberschmuck, so fürchtete sie, wirke sie zu weich, zu wenig durchsetzungsfähig. Genau das war der Punkt in der Analyse, an dem wir begannen, mit dem archetypisch Weiblichen zu arbeiten. Meine Klientin begann sich mit der Kraft des Weiblichen zu beschäftigen. Sie hatte als persönliches Vorbild eine klagende, hypochondrische Mutter, die ihre ganze Umwelt mit ihren Krankheiten erpresst hatte. Nun suchte sie nach Bildern, Fotos und Menschen, die weibliche Kraft verkörperten. Und allmählich begann sich in ihrer Psyche eine andere Vorstellung von Weiblichkeit zu formen. Im realen Leben hörte sie tatsächlich auf, Goldschmuck zu tragen. Sie trat mit ihrem geliebten Silberschmuck auf und bezog hieraus eine spezifisch weibliche Kraft, die ihrer Erscheinung sehr viel mehr Persönlichkeit und Charisma verlieh, als es ihre »geborgte« männliche Kraft, die durch den Goldschmuck symbolisiert wurde, gekonnt hatte.

Eine andere Klientin träumte in dieser Phase der Analyse vom Nil, dem Fruchtbarkeit spendenden Fluss Ägyptens, von Frauen mit üppigen Hüften und großen Brüsten. Sie verband damit bestimmte Musik und bestimmte fließende Bewegungen. Bei ihr waren diese Motive nicht so sehr an ein spezifisches Erleben in ihrem Alltag geknüpft. Es ging bei ihr mehr um die allgemeine Einstellung zu Fruchtbarkeit, dieser überaus großen Kraft, die mit der Fähigkeit verbunden ist, Leben zu spenden, und dem Erleben dieser Kraft als eines Teils der weiblichen Kraft. Sie entwickelte als Folge der Beschäftigung mit diesen Themen allmählich ein anderes Körpergefühl. Sie fühlte sich wohl mit ihren Rundungen und ihrem Bäuchlein. Sie begann einen Bauchtanzkurs. Sie bewegte sich zusehends harmonischer und fließender. Das Weibliche hatte in seiner positiv bewerteten Form in ihrem Körper zu leben begonnen.

Noch eine andere Klientin träumte von drei älteren Damen, die ihr sehr energisch und tatkräftig dabei halfen, ihr Geschäft zu renovieren. Ältere Menschen sind in unserer Kultur ja leider sehr unterbewertet, ältere Frauen ganz besonders. Sie sitzen in Konditoreien und führen sich Schwarzwälder Kirschtorten zu oder werden bei Kaffeefahrten in Bussen durch die Landschaft kutschiert, um Rheumadecken zu kaufen. Am Muttertag bekommen sie ein Alpenveilchen. Diese Klischees sind tatsächlich Eckdaten des Lebens vieler älterer Damen. Dies muss aber nicht unbedingt so sein und ist in vielen anderen Kulturen auch nicht der Fall. Der Traum meiner Klientin wies sie darauf hin, dass ältere Frauen viel Energie, Know-how und Lebensweisheit besitzen, die sie zur Lebensgestaltung beitragen können. Während die Mutter meiner Klientin das Leben der älteren Dame führte, das ich oben beschrieben habe, zeigten ihr die älteren Damen aus ihrem Traum, dass es auch andere Modelle von Älterwerden und Weiblichkeit gibt.

Vielleicht haben Sie durch diese Beispiele eine Vorstellung davon bekommen, wie vielfältig bei den einzelnen Menschen die Kontaktaufnahme mit dem archetypisch Weiblichen verlaufen kann. Immer jedoch geschieht eine Umbewertung des Weiblichen in dem Sinne, dass die positive Kraft des Weiblichen erkannt wird und in der persönlichen Lebensgestaltung zu wirken beginnt. »Ich habe aber keine solchen Träume!«, werden Sie vielleicht einwenden. »Diese Geschichten von

Frauen sind ja klasse, aber bei mir sind solche Erlebnisse offenbar in weiter Ferne.« Das macht nichts, liebe starke Frau, dann starten Sie Ihre Begegnung mit dem archetypisch Weiblichen eben von einem anderen Punkt aus. Die Jungsche Psychologie kann Ihnen dabei gute Tipps geben.

Das Symbol

Die Jungsche Psychologie hat sehr viel Erfahrungen damit gesammelt, was Symbole in der menschlichen Psyche an Prozessen auslösen können. Vielleicht haben Sie bemerkt, dass Sie beim Lesen der Stelle im Märchen, wo von der Insel im Mondschein die Rede ist, in eine gewisse Stimmung geraten sind, die Sie mit Worten gar nicht genau beschreiben können. Vielleicht verspüren Sie eine Wirkung, wenn Sie jetzt das Märchenbild von der mondscheinbeschienenen Insel auf sich wirken lassen. Vielleicht haben Sie auch gar nichts bemerkt, aber das muss Sie nicht beunruhigen, dann sind Sie eben jemand, der erst wissen muss, wonach er suchen soll, um es zu finden. Jung hat herausgefunden, dass im Unbewussten heilsame Prozesse auch dann stattfinden, wenn sie nicht in Sprache gefasst werden können. Allein schon der Umgang mit dem Symbol heilt.

Wie kommt diese Wirkung zu Stande? Symbole sind in der Lage, wesentlich tiefere psychische Schichten zu erreichen, als Sprache es vermag. Das können Symbole deshalb, weil sie so alt sind wie die Welt und weil sie sehr viele menschheitsgeschichtliche Erfahrungen mit sich tragen. Wenn Sie einen Baum anschauen, denken Sie nicht nur an das Wort »Baum«. Es tauchen Gefühle in Ihnen auf, oder möglicherweise reagiert Ihr Körper. In Ruhe einen Baum zu betrachten, kann

Stimmungen auslösen, die Einfluss auf Ihr späteres Handeln haben. Ähnliches haben Sie vielleicht schon erlebt beim Betrachten eines Sonnenuntergangs, der Meeresbrandung oder auch beim genauen Beobachten eines bestimmten Tieres, das Sie aus Gründen, die Sie gar nicht genau erklären können, magisch fasziniert.

Wenn Sie vor Meereswogen stehen, erleben Sie Ähnliches wie der erste Mensch, der Meereswogen sah, erlebt hat und was viele andere Menschen angesichts desselben Phänomens empfinden. Wenn Sie wissen, wie es sich anfühlt, wenn Sie gedankenversunken Ihre Katze dabei beobachten, wie sie in der Mittagssonne liegt, und es genießen können, dass das Streifenmuster auf dem Katzenbauch sich unter den ruhigen Atemzügen regelmäßig hebt und senkt, dann können Sie sicher sein, dass in allen Kulturen, in denen es Katzen gibt, die Menschen, die ähnliche Szenen beobachtet haben, eine genauso beruhigende Wirkung bei sich verspürt haben wie Sie selbst. Dieses Wissen um die uralte Wirkung von Vorgängen auf die menschliche Psyche wird – in symbolischen Bildern – in Märchen, Mythen und Ritualen auf der ganzen Erde von älteren Menschen an jüngere Menschen weitergegeben.

Und wenn Sie jetzt wissen wollen, was Sie mit der Insel im Mondschein, dem Wasser und den Birnbäumen anfangen sollen, dann denken Sie daran: Bereits der Umgang mit dem Symbol setzt heilende Prozesse in Gang. Sie brauchen keine Sprache, um in Ihrer Psyche die Vorgänge zu fördern, die das Märchen beschreibt. Wenn Sie selbst mit dem archetypisch Weiblichen in Kontakt treten wollen, dann benötigen Sie dazu keine schlauen Bücher. Gehen Sie in die Natur. Beobachten Sie zum Beispiel Kühe. Ich selbst habe in dieser Phase meiner Analyse Stunden damit zugebracht, an einer Kuhweide zu sitzen und Kühe anzuschauen. Ich habe nichts gedacht, ich habe nur geschaut. Ich habe in die samtigen Kuhaugen geblickt, ich habe mir von den rauen Zungen die Hand lecken lassen, ich habe den grasigen Atem gerochen, mit dem die Kühe mich angeblasen haben. Ich habe ihren ruhigen Schritt beobachtet, ihren sicheren Gang und die Art und Weise, wie sie ihre Schwangerschaften in ihren Kuhbäuchen ausgetragen haben. Weiter habe ich gar nichts getan. Ich war in dieser Phase meiner Entwicklung lediglich aufmerksam dafür, wann es wieder Zeit war, Kühe anzuschauen. Bis zum heutigen Tag bin ich nicht in der Lage, mit Sprache zu beschreiben, warum es wichtig für mich war, Kühe anzuschauen. Es ist auch nicht wichtig, das in Sprache zu fassen. Das, was in meiner Psyche geschehen sollte, ist geschehen.[10]

Vom Schamanismus kennen wir ein ähnliches Prinzip: Jede Schamanin und jeder Schamane hat ein Krafttier, eine Kraftpflanze oder einen Kraftstein, die im Traum erscheinen und mit denen sie oder er sich befassen muss. Die archaischen Kulturen haben das uralte Wissen um die heilende Kraft der Symbole nutzbringend verwenden können. Wir »zivilisierten« Menschen müssen dies erst wieder lernen. Für Sie, die starke Frau, die in Kontakt mit dem archetypisch Weiblichen kommen möchte, heißt das: Suchen Sie alte Symbole des archetypisch Weiblichen auf. Fahren Sie in Ihrem nächsten Urlaub nach Malta, wo sich Reste der alten Tempel von Muttergöttinnen finden. Diese Tempel sind in die Erde gebaut, ragen nicht hoch hinauf wie die Kirchen des Patriarchats. Die Grundrisse dieser matriarchalen Tempel sind rund und verschlungen. Fahren Sie einfach nur hin, suchen Sie sich einen Platz, der Ihnen gut tut, und sitzen Sie eine Weile dort. Oder befassen Sie sich mit Bildern oder Statuetten von den prallen Fruchtbarkeitsgöttinnen, die überall auf der Welt zu finden sind. Lernen Sie afrikanisches Trommeln, oder gehen Sie in einen Salsakurs. Beschäftigen Sie sich mit Kulturen, die noch ursprüngliches Wissen über das Frausein bewahrt haben. Sie müssen nichts verstehen. Sie müssen nur tun. Und Sie werden bemerken, dass Sie allmählich beginnen werden, sich anders zu kleiden, sich anders zu bewegen und sich anders in Ihrem Körper zu fühlen. Das passiert von ganz allein, Sie müssen sich nichts dazu denken. Probieren Sie es aus, Sie werden die Effekte bemerken! Weibliches wird wertvoll. In dem Moment, in dem die innere Haltung der Frau zu ihrer Weiblichkeit sich zu ändern beginnt, ändert sich auch ihre Ausstrahlung. Dies bemerken natürlich auch die Männer. Darum ist jetzt der Zeitpunkt im Märchen gekommen, an dem der König auftaucht. Mit dem Erscheinen des Mannes geht auch eine Einstellungsänderung unserer Heldin einher. Sie verzichtet auf ihre Unschuld und tut etwas Verbotenes.

Das Verbotene

Der König, dem der Garten gehört, bemerkt, dass ihm eine Birne fehlt, und legt sich in der nächsten Nacht auf die Lauer, um zu sehen, wer der Dieb ist. Durch die Art und Weise, wie ihm der Gärtner, der alles beobachtet hat, den Vorgang schildert, wird deutlich, dass es sich hier nicht um einen gewöhnlichen Diebstahl, sondern um ein ganz besonderes Geschehen handelt, das nicht mit normalen Maßstäben gemessen werden darf. Der Gärtner hält das Mädchen für einen Geist, weil es von einem Engel begleitet wird. Der König spricht das Mädchen an, und das Mädchen erklärt ihm seine Situation. Und siehe da: Der König verurteilt es nicht, er versteht seine Lage.

Dieses Bild vom Diebstahl gibt uns einen weiteren wichtigen Hinweis für die Entwicklung des schwachen inneren Mädchens zur starken Frau. Frauen, die damit beginnen, sich selbst in der Welt zu behaupten und sich ihre eigenen Gesetze zu geben, müssen den Mut haben, die »verbotenen« Dinge zu tun, real in der Außenwelt, nicht nur in der Phantasie. Bei dem Übertreten des Verbots werden sie von einem Engel begleitet werden und beschützt sein, wie es auch unserer Heldin widerfährt. Das Märchen unterstreicht mit diesem Motiv die Aussage, dass es sich beim Birnendiebstahl um eine heilsame Übertretung allgemein gültiger Normen handelt. Wenn wir hier von den verbotenen Dingen sprechen, die Frauen tun sollen, dann meine ich damit nicht, dass Sie Ihr Obst ab heute im Supermarkt nicht mehr bezahlen sollen. Ich spreche damit eine Art von Verboten an, die als Widerhall von Normen aus der »Vaterwelt« im Kopf der Frau ihr Unwesen treiben und sie selbst in ihrer Entfaltung beschränken.

Typische Dialoge zwischen Analytikerin und Klientin, die sich auf diese Verbotsthematik beziehen, laufen folgendermaßen ab:

Klientin: »Ach, am liebsten würde ich xy tun...«

Analytikerin: »Warum tun Sie es nicht?«

Klientin: »Also hören Sie mal, man kann doch nicht einfach...«

Analytikerin: »Warum können Sie nicht? Wer hindert Sie daran?«

Klientin: »Ja also, eigentlich niemand, aber das tut man doch nicht!«

Analytikerin: »Und wenn Sie es doch täten, was würde passieren?«

Und dann beginnt ein Prozess, in dem die Klientin sich damit beschäftigt, das scheinbar Verbotene zu tun, und sich überlegt, ob es nicht vielleicht doch möglich wäre, bestimmte Elemente ihrer Phantasie Wirklichkeit werden zu lassen. Sie überwindet in diesem Prozess ihre eigenen inneren Verbote, die in Form von allgemein gültigen »Man muss doch ...« oder »Man kann doch nicht ...« oder »Es gehört sich doch nicht ...« bisher für sie handlungsleitend waren, ohne dass sie diese Normen je selbst hinterfragt und auf ihre Richtigkeit hin kritisch überprüft hat. Sie holt dies jetzt nach und beginnt, ihre eigenen Normen und Bedürfnisse zum Maßstab für ihr Handeln zu machen. Sie tut Dinge, die sie bisher scheinbar nicht tun durfte. Als Belohnung für diesen Schritt kann sie dann die Erfahrung machen, dass das, was ihr bisher als schuldhaft erschienen war, objektiv gar nicht schuldhaft ist. Findet dieser Schritt nicht statt, kann es in ihrem Leben zu keiner korrigierenden Erfahrung kommen, und die alte Welt der väterlichen Normen bleibt weiterhin wirksam.

Unsere Heldin hat also bisher drei wesentliche Entwicklungsschritte vollzogen:

- Sie hat sich ihre schwache Seite und ihre Sehnsucht nach Menschen, die ihr helfen, aufrichtig eingestanden und zeigt dies auch der Außenwelt.
- Sie ist außerdem in Kontakt gekommen mit den guten Kräften des Weiblichen, und
- sie hat begonnen, sich nach ihren eigenen Bedürfnissen zu richten.

In diesem Moment ist die Voraussetzung dafür gegeben, dass etwas Neues geschehen kann. Das Thema »Partnerschaft« taucht auf. Es kommt ein Mann, der bereit ist, ihr zu helfen.

Im Leben der starken Frau wäre es ein starker Mann, der ihre Schutzbedürftigkeit wahrnimmt und darauf entsprechend reagiert. Der König nimmt das Mädchen zu seiner Gemahlin, lässt ihm silberne Hände machen und liebt es von Herzen. Aber in diesem Stadium der Beziehung kann eine schwache Frau, die zur starken Frau werden will, nicht stehen bleiben. Und eine echte starke Frau wird dies auch nie tun. Selbst wenn sie in diesem Stadium ihrer seelischen Entwicklung, in der sie ihr inneres Mädchen ohne Hände auch nach außen zeigen kann, eine entsprechende Resonanz bei einem Mann gefunden hat, wird sie in einer solchen Beziehung nicht dauerhaft glücklich werden können. Auch unserer Heldin geht es so.

Die Ambivalenz

Unsere Heldin hat jetzt scheinbar ein erfülltes Leben. Sie ist die Frau des Königs geworden und lebt in Sicherheit und Wohlstand. Der König hat ihr silberne Hände geschenkt, hat sie aus ihrer Passivität erlöst. Die Szenerie sieht jedoch nur vordergründig idyllisch aus. Sie zeigt das genaue Abbild einer Ehe, wie sie die Tussis führen, die doch von den starken Frauen so sehr gehasst werden. Die Tussi-Frau, die eine Geschenkboutique führt, deren Verluste ihr reicher Ehemann steuermindernd absetzt, übt genau die Art von Aktivität aus, die das Märchen in das Bild der silbernen Hände gefasst hat, die unserer Heldin vom König geschenkt wurden. Weil Sie, liebe Leserin, jetzt schon viel über den Schatten wissen, wissen Sie auch, dass in Ihnen die geheime Sehnsucht, auch so zu leben, unbewusst wirksam ist, solange Sie Ihr inneres schwaches Mädchen noch nicht emanzipiert haben. Sie wissen auch, dass Sie von Ihrer bewussten Einstellung her diese Art von Ehe radikal ablehnen. Aus dem Widerstreit Ihrer bewussten und Ihrer unbewussten Einstellung ergibt sich eine innerpsychische Situation, die in der Fachsprache »Ambivalenz« genannt wird. Zwei Ziele werden gleichzeitig angestrebt, die unvereinbar miteinander scheinen. Das Bedürfnis nach Freiheit und Autonomie würde gefährdet durch das Bedürfnis nach Geborgenheit und Nestwärme, das ist die Ambivalenz der starken Frauen.

Das Märchen sagt uns, dass die starken Frauen völlig Recht haben, wenn sie diese Ambivalenz in sich spüren. Denn die Art von Beziehung, wie sie unsere Heldin am Königshof lebt, kann niemals die endgültige Vision einer erfüllten Partnerschaft sein. Die Entwicklung der inneren schwachen Frau kann in diesem Stadium nicht stehen bleiben. Eugen Drewermann[11] beschreibt in seiner Interpretation dieses Märchens den König als zu verwöhnend. Der Ehemann kommt damit zwar der passiven Erwartungshaltung unserer Heldin entgegen, hindert sie damit aber auf lange Sicht daran, selbst Zugreifen zu lernen. Sie bleibt in dieser Konstellation abhängig und wird nie autonom. Sie lebt in einem goldenen Käfig. Drewermann weist darauf hin, dass viele Beziehungen zwischen Mann und Frau auf diese Art verlaufen: Der Mann unterhält eine Frau daheim, die für ihn stellvertretend das Weibliche auslebt. Die Frau bezahlt für dieses Geschäft mit ihrer Abhängigkeit. Ihr Gewinn ist, dass sie weiterhin heilig und fromm bleiben kann und nicht mit Fragen von Verantwortung und Schuld in Berührung kommt, die sich unweigerlich ergeben, wenn Menschen anfangen, ihr Leben aktiv in die Hand zu nehmen. Darüber haben wir schon gesprochen.

Auch unsere junge Frau im Märchen lebt also immer noch in dieser passiven Art, denn ihre Hände hat sie ja nur durch

Vermittlung des Königs bekommen. Der hat noch viele väterliche Züge. Er hat sie zur Frau genommen, weil sie so schön und so fromm und so hilflos war. Ihre Handlungsfähigkeit ist immer noch eine passiv weibliche, ausgedrückt im Symbol des Silbers ihrer künstlichen Hände. Das Weibliche wurde in der Psyche unserer Heldin zwar schon aufgewertet in der Begegnung mit der archetypischen Mutter beim Mondschein im Garten. Die Fähigkeit der Frau, Leben zu spenden und zu ernähren, hat sie in ihrer unmittelbaren Kraft und Potenz erfahren. Der mütterliche Aspekt ist jedoch nur eine Facette von Weiblichkeit. Weiblichkeit besteht nicht nur aus Rundungen, Hingabe und Fruchtbarkeit. Das archetypisch Weibliche hat auch die Fähigkeit, handelnd aktiv zu werden, Freiheitsspielräume zu erkunden und Einfluss auf die Welt zu nehmen. Archetypisch Weibliches muss nicht auf hegende und pflegende Tätigkeiten in den eigenen vier Wänden beschränkt sein.

Den Entwicklungsschritt zu dieser Erkenntnis hat unsere Heldin noch nicht vollzogen, und darum delegiert sie bestimmte Dinge immer noch an den Mann. Er ist es im Märchen, der in den Krieg zieht und um die Dinge kämpft, die er haben möchte. Er ist es, der sich die Freiheit nimmt, umherzuschweifen und Abenteuer in fernen Ländern zu erleben. Viele Frauen, die in der Analyse ihre tiefe Sehnsucht nach einer Beziehung zu einem Mann entdeckt haben, die ihnen Geborgenheit ermöglicht, bemerken bei sich eine panische Angst vor dem Verlust ihrer Freiheit, kaum haben sie einen solchen Mann getroffen. Da ihr Unbewusstes immer noch traditionell geprägt ist, bleibt in ihrer Vorstellungswelt das Privileg, Geborgenheit und Nestwärme genießen zu dürfen, unweigerlich mit dem Opfer verbunden, Freiheiten zu verlieren.

Auch wenn sie sich innerlich inzwischen so weit entwickelt haben, dass sie eine Beziehung mit einem starken Mann eingehen können, fangen diese Frauen an, sich sehr widersprüchlich zu benehmen, sobald die Sache ernster wird. Wenn die Frage auftaucht, ob man vielleicht zusammenziehen sollte, wenn das Thema »Kinder« auf den Tisch kommt, wenn ihr Partner vielleicht sogar Heiratsabsichten äußert, dann löst er damit in der Psyche der starken Frau keineswegs nur reine Freude aus. Solange die innere Schattengestalt der starken Frau Hingabe an einen Mann und Beziehung zu einem Partner mit Freiheitsverlust verbindet, kann dies natürlich auch gar nicht der Fall sein. Denn die Emanzipationsbewegung hat ja als eine ihrer positivsten Errungenschaften mit sich gebracht, dass Frauen sich endlich frei fühlen und genauso in fernen Ländern umherschweifen können, wie es bisher nur den Männern vorbehalten war. Diese kostbare Errungenschaft wollen starke Frauen natürlich um jeden Preis erhalten.

Der schwierige Effekt dieser Ambivalenz der starken Frau zeigt sich darin, dass sie auf die Bindungswünsche ihres ernsthaft an ihr interessierten Partners mit Verhaltensweisen reagiert, die für den Mann nur schwer nachvollziehbar sind. Sie wird auf einmal äußerst unwirsch ihm gegenüber, zieht sich zurück, mäkelt an ihm herum, entdeckt tausend Kleinigkeiten an ihm, die es ihr eigentlich unmöglich machen, mit so einem Menschen zusammenzuwohnen. Er ist zu unordentlich oder zu pingelig. Er lässt seine Socken überall herumliegen, oder er räumt zwanghaft auf. Er schraubt die Zahnpastatube nie zu, oder er wienert auf ekelhaft vorwurfsvolle Weise dauernd die Badewannearmaturen. Er kocht zu viel oder er kocht zu wenig. Er fragt sie dauernd danach, wie es ihr geht, oder er fragt nie danach. Er bringt ständig Blumen mit, oder er bringt nie Blumen mit. Er geht auf die falsche Art mit ihrem Hund Gassi. Er reagiert nicht richtig gegenüber dem Nachbarn. Kurzum: Alles, was er tut, kann kritisiert werden. Viele Männer ergreifen in dieser Phase die Flucht. Viele Frauen werfen zu diesem Zeitpunkt ihre Partner einfach raus. Ihnen, liebe Leserin, ist dies wohl auch schon einmal passiert, vielleicht sogar öfter. Wenn bei meinen Klientinnen die Art von Krise in der Beziehung auftaucht, in der sie an ihrem Partner nur noch herumnörgeln und kein gutes Haar mehr an ihm lassen, lege ich ihnen sehr ans Herz, keine Entscheidung über Beenden oder Weiterführen ihrer Partnerschaft zu fällen, solange sie in ihrer Analyse nicht weiter fortgeschritten sind. In diesem Stadium der Entwicklung sind starke Frauen oft einfach nicht in der Lage, die Dinge zu überblicken, weil sie mitten in einem hausgemachten Gefühlschaos stecken. Wenn Sie mir jetzt weiter in das Märchen folgen, können wir sehen, was geschehen muss, damit dieser Ambivalenzkonflikt gelöst werden kann. Hierzu schauen wir uns zunächst die Natur der Beziehungskrise unserer Heldin genauer an.

Die Beziehungskrise

Der König reitet ins Feld, und seine Frau gebiert ihm in seiner Abwesenheit einen Sohn. Marie-Louise von Franz schreibt zu dieser Situation: »Sie [die Frau] ist zwar nun fruchtbar und hat in gewissem Sinn ihr normales weibliches Leben erfüllt; aber im Unsichtbaren spielt sich noch immer ein zweites Geschehen ab.«[12] Dieses zweite Geschehen im Unbewussten der Frau nimmt zerstörerische Züge an, der Teufel kommt nämlich wieder ins Spiel. Der König soll von einem Boten die Nachricht bekommen, dass ihm ein Sohn geboren worden ist, aber der Bote schläft unterwegs ein, und der Teufel hat Gelegenheit, die Botschaft zu vertauschen. Der König bekommt die teuflische Nachricht, dass sein Sohn ein Wechselbalg sei, die Königin bekommt ein Kind, das er nicht gezeugt hat. Der König erschrickt zwar sehr, verstößt seine Frau jedoch nicht und schickt die Nachricht, dass man auf sie und das Kind aufpassen solle, bis er wieder zurück sei und die Sachlage klären könne. Der Bote aber schläft wieder ein, und der Teufel kann abermals die Botschaft vertauschen. Die Teufelsbotschaft lautet: »Lasst die Königin und ihr Kind töten.«

Das Hin und Her mit den vertauschten Briefen können wir psychologisch als eine Kommunikationsstörung in der Beziehung verstehen. Der schlafende Bote ist ein Bild dafür, dass das Bewusstsein ausgeschaltet ist, die ideale Situation für Projektionen. Missverständnisse ereignen sich permanent, dies geschieht jedoch alles auf unbewusster Ebene. Die Beziehung gerät unweigerlich in eine Krise, denn der Teufel verfälscht die Beziehung zwischen dem Mädchen ohne Hände und ihrem Partner. Was ist nun der Inhalt der Teufelsbotschaften? Wenn wir diese näher anschauen, bekommen wir mehr Aufschluss über diejenigen Seiten des Weiblichen, die unsere Heldin sich noch bewusst machen muss.

Die Teufelsbotschaft spricht von einem Wechselbalg. Es handelt sich hier um die Phantasie der Königin, mit einem anderen Mann als dem Ehemann geschlafen zu haben, um einen Seitensprung also. Im goldenen Käfig gefangen und in völliger Abhängigkeit von einem Mann taucht als abgespaltener Anteil unserer Heldin der Wunsch auf, auch andere Männer kennen zu lernen und mit ihnen Sex zu haben. Wir finden hier das Motiv der Freiheit allgemein, vor allem aber der sexuellen Freiheit angesprochen. Keinem Mann gehören zu wollen und auf freier Wildbahn jagen zu können, wie es die Amazonen tun, ist hier das Thema. Es handelt sich um die sexuellleidenschaftliche Seite des Weiblichen, die unser Mädchen ohne Hände in sich selbst unterdrückt. Der König im Märchen reagiert auf diese Seitensprungphantasie seiner Frau sehr verständnisvoll. Obwohl er erschrocken und betrübt über die Nachricht vom Wechselbalg ist, gibt er die Anweisung, seine Frau gut zu pflegen, bis er wieder zu Hause sei. Er möchte die Beziehung klären und mit seiner Frau darüber sprechen, was vorgefallen ist. Wie kann es dann dazu kommen, dass sich der innerpsychische Konflikt unserer Heldin trotz ihres geduldigen, lieben Mannes so zerstörerisch auf ihre Partnerschaft auswirkt?

Die Projektion

Liebe Leserin, bitte erinnern Sie sich an dieser Stelle noch einmal daran, was Sie schon über Projektion gelernt haben. Der Vorgang der Projektion führt dazu, dass unsere eigenen innerpsychischen Anteile in der Außenwelt, bei anderen Menschen wahrgenommen werden und nicht bei uns selbst. Anderen Menschen werden dann die Absichten und Motive unterstellt, die wir eigentlich selber haben. Die großartige Reaktion des Mannes kommt bei der Frau gar nicht als solche an, weil der Teufel, im Märchen Sinnbild für solch einen Projektionsvorgang, seine Hand im Spiel hat. Der Teufel macht aus der einfühlsamen und überlegten Antwort des Mannes die Aufforderung, sie und ihr Kind zu töten! Machen wir uns klar: Unsere Heldin fühlt in sich den Wunsch nach Freiheit, den sie aber unterdrückt, bildlich gesprochen tötet sie ihn in sich ab. Statt diesen Vorgang aber als ihr eigenes innerpsychisches Problem zu erkennen, unterstellt sie diese Absicht ihrem Mann, obwohl dies gar nicht der Fall ist. Sie projiziert ihren eigenen unbewussten Wunsch auf ihren Partner. Das reale Verhalten des Partners wird auf Grund des innerpsychischen Konfliktes unserer Heldin und des Projektionsvorgangs, der sich daraus ergibt, radikal falsch interpretiert.

Starke Frauen in dieser Phase der Entwicklung nehmen die Männer tatsächlich oft extrem unrealistisch wahr. Sie selbst sind es, die sich auf Grund ihres unemanzipierten inneren Mädchens ihre wilden, freiheitsliebenden Seiten im Bewusstsein nicht eingestehen können. Die Sehnsucht nach Freiheit bleibt jedoch im Unbewussten, und die Vorstellung, dass das Ausleben des Freiheitsdranges etwas Verbotenes ist, das Strafe verdient, wird auf den Mann projiziert. In dieser Zeit kann der Partner der starken Frau eigentlich tun und sagen, was er will, es wird auf jeden Fall immer gegen ihn ausgelegt werden. Klientinnen geben dann mir gegenüber in dieser Phase zum Beispiel folgende Statements ab:

Klientin: »Haha! Heiraten will er mich! Das könnte ihm so passen, aus mir eine zu machen, die zu Hause sitzt und ihm das Essen warm hält, bis er kommt! Ich soll seine rotznasigen Kinder großziehen, und er spielt weiter den erfolgreichen Macker! Da hat er sich aber getäuscht, nicht mit mir, bitte schön!«

Analytikerin: »Wie kommen Sie denn auf die Idee, dass Ihr Partner solche Absichten hat, hat er sich in dieser Hinsicht schon einmal geäußert?«

Klientin: »Nein, natürlich nicht, so schlau ist er natürlich auch! Aber ich weiß genau, dass er das vorhat, das spüre ich einfach!«

Analytikerin: »Soso, das spüren Sie einfach. Interessant.

Erzählen Sie mir mehr davon. Was genau spüren Sie denn?«

Wenn alles gut geht, kommt die Klientin dann im Lauf der analytischen Arbeit dahinter, dass sie selbst es ist, die diese traditionellen Vorstellungen von Ehe noch mit sich herumschleppt. Und in den meisten Fällen kann sie, wenn sie dann mit dem Partner über ihre Sorgen spricht, feststellen, dass er völlig damit einverstanden ist, dass sie auch nach der Heirat ihren Beruf noch weiter ausübt, dass sie die Hausarbeit und die Kindererziehung mit ihm teilt und dass sie sich nicht auf die Rolle der Nur-Hausfrau festlegen lässt. Sie hat die ganze Zeit gegen Windmühlen gekämpft wie Don Quichotte und damit beinahe ihre Beziehung zerstört.

Für die Entwicklung des schwachen inneren Mädchens zur starken Frau muss aber noch mehr geschehen, unser Märchen geht noch weiter. Wenn meiner Klientin bewusst wurde, dass sie selbst es ist, die altmodischen Vorstellungen nachhängt, ist schon viel erreicht, und die Beziehung zu ihrem Partner kann vorerst weiterexistieren. Auf die Dauer muss meine Klientin jedoch noch lernen, die Ambivalenz zwischen Freiheit und Geborgenheit in sich selbst harmonisch zu lösen. Das hört sich geheimnisvoll an, und zunächst können Sie sich, liebe starke Frau, wahrscheinlich nicht vorstellen, wie das zu bewerkstelligen wäre. Das Märchen gibt uns Hinweise, seien Sie beruhigt.

Die Strategie der Königinmutter

Die Königinmutter ist es, die jetzt eingreift und damit unserer Heldin weiterhilft. Sie widersetzt sich dem Befehl, der scheinbar aus der Männerwelt kommt, der jedoch in Wirklichkeit eine Anordnung des eigenen inneren Teufels der Frau ist, das heißt der bei Frauen innerpsychisch wirksamen Vorstellung von der Männerwelt. Sie lässt eine Hirschkuh töten und rettet so unsere Heldin und deren Kind. Am Anfang des Märchens haben wir eine völlig passive mütterliche Frauenfigur vorgefunden, eine machtlose Mutter, die sich kritiklos solidarisch mit ihrem Ehemann zeigte und die Taten der Männerwelt passiverleidend hinnahm. Im zweiten Teil des Märchens, im Garten des Königs, tauchte im Zusammenhang mit der archetypischen Weiblichkeit das Thema des nährenden und fruchtbaren Mütterlichen auf. Die Frauenfigur, die jetzt aktiv wird, zeigt eine weitere wichtige Facette von Weiblichkeit.

Die Königinmutter symbolisiert eine Frau, die mit Macht ausgestattet ist. Sie ist die Mutter des Königs, sie steht also über dem Mann, der die Gesetze erlässt. Auf Grund ihrer Macht ist sie souverän genug, um das Verbotsthema, das beim Birnendiebstahl schon aufgetaucht war, aufzugreifen und zu akzentuieren. Sie widersetzt sich männlichen Anordnungen, sie ist eine Frau, die aktiv wird, wenn in ihren Augen eine Entscheidung falsch ist. Psychologisch gesehen handelt es sich hier um eine weitere Einstellungsänderung unserer Heldin gegenüber ihrem inneren Bild von Weiblichkeit. Das weibliche Prinzip setzt sich aktiv zur Wehr und ist sogar bereit zu töten. Gegen wen setzt es sich zur Wehr? Gegen die eigene innere Teufelsbotschaft. Die Königinmutter hat instinktiv gefühlt, dass es an diesem Punkt nicht mehr richtig sein kann, den Gesetzen der Männerwelt zu gehorchen. Und sie handelt entsprechend.

Dies ist, von der Entwicklung des Bewusstseins her gesehen, ein weitaus gewagterer Schritt hinein in das Land des

Verbotenen, als es unsere Heldin mit ihrem Birnendiebstahl getan hat. Der Birnendiebstahl war ausgegangen von einem körperlichen Bedürfnis, dem Hunger unserer Heldin. Diese Art der Übertretung von Verboten kann unmittelbar von jedermann nachvollzogen werden. Die Königinmutter, die beschließt, einen Befehl nicht auszuführen, handelt schon deutlich souveräner. Es ist kein unmittelbares körperliches Bedürfnis mehr, auf das sie sich berufen kann. Sie misst einen Befehl aus der Männerwelt an ihren eigenen Gesetzen und empfindet diesen Befehl auf Grund ihres eigenen inneren Wertesystems als nicht gerechtfertigt. Und dann überlegt sie sich eine Strategie.

Die Hirschkuh

Anstelle ihrer Schwiegertochter tötet die Königinmutter eine Hirschkuh. Dies ist ein interessantes Motiv, dem wir uns ausführlicher widmen wollen.

Die Hirschkuh ist das Attribut der Artemis, der römischen Diana. Artemis ist die schweifende Göttin der Wälder, die Göttin der Weite und der Ferne. Sie besitzt die ewige Jungfräulichkeit und gehört niemals einem Mann. Sie flüchtet vor jeder engen Beziehung zum Männlichen. Artemis können wir als Bild der weiblichen Unabhängigkeit bezeichnen. Jean Shinoda Bolen schreibt über diese Göttin:

»Als jungfräuliche Göttin war Artemis gegen das Sich-Verlieben immun. Sie wurde, im Gegensatz zu Persephone und Demeter, nicht entführt oder vergewaltigt und war nie die Hälfte eines Ehepaares. Als Archetyp der jungfräulichen Göttin repräsentiert Artemis ein Gefühl von Unversehrtheit, ein Eins-mit-sich-selbst-Sein, eine Haltung des ›Ich kann für mich selbst sorgen‹, die es einer Frau gestattet, im Geist des Selbstvertrauens und der Unabhängigkeit selbstständig zu handeln. Dieser Archetyp ermöglicht es einer Frau, sich ohne Mann ›ganz‹ zu fühlen. Dank diesem Archetyp kann sie ihren eigenen Interessen und der Arbeit, die ihr wichtig erscheinen, nachgehen, ohne auf männliche Anerkennung angewiesen zu sein. Ihre Identität und ihr Selbstwertgefühl gründen auf dem, was sie ist und was sie tut, und hängen nicht davon ab, ob und mit wem sie verheiratet ist.«[13]

Wenn wir dieses Zitat von Bolen auf uns wirken lassen, stellen wir fest, dass Artemis mit ihren Eigenschaften das genaue Gegenstück zu dem Leben darstellt, das unsere Heldin am Königshof bisher geführt hat. Die Artemis-Seite war unserer Heldin bis anhin nicht bewusst gewesen. Solange sich aber alle diese Artemis-Eigenschaften im Unbewussten einer Frau befinden und nicht mitleben dürfen, weil sie abgespalten sind, werden sie sich unweigerlich in hohem Maße zerstörerisch auf die Partnerschaft auswirken. Sie, liebe Leserin, sind nun genug bewandert in der Jungschen Psychologie, um zu wissen, dass die Artemis, solange sie unbewusst ist, nur in ihrer negativen Form und nur via Projektion auftauchen wird und damit keiner klärenden Diskussion zugänglich ist.

Im Märchen werden nun unserer Heldin all diese Eigenschaften bewusst. Dieser Prozess ist im Märchen symbolisch dargestellt durch die Tötung der Hirschkuh. Unsere Heldin hat Kontakt bekommen zu den wilden Seiten der Frau, sie hat ein neues Bild von Weiblichkeit in sich entwickelt, das die wilden und triebhaften Seiten des Frauseins nicht verdammt, sondern umfasst. Diese Entwicklung stellt die Basis dar für die Lösung ihres innerseelischen Konfliktes.

Unsere Heldin kann aber nicht einfach nur gewinnen durch das Opfer der Hirschkuh, sie muss tatsächlich auch etwas opfern, etwas hergeben. Eine Artemis-Frau hat nach Bolen nur so lange eine Beziehung zu einem Mann, wie dieser gefühlsmäßig einen gewissen Abstand wahrt und nicht verfügbar ist. Dem Mann erscheinen Artemis-Frauen wie Meerjungfrauen: halb schön und warm, halb unmenschlich und kalt. Aus vielen Märchen kennen wir das Motiv der Meerjungfrau, der Nixe als einer Form des Weiblichen, das Männer zu bezaubern vermag und sie in ihre Unterwasserwelt entführt. Auch die Hirschkuh ist in vielen Märchen das wilde Tier, das den Mann in den Wald lockt, wo er dann viele Abenteuer zu bestehen hat. Die schillernde Natur der Artemis-Frau mit ihrem geheimnisvollen Wesen kann sicher viele Männer bezaubern. Dieses Schillernde muss die Heldin opfern, wenn sie zu einer echten Beziehung fähig werden soll. Emma Jung schreibt sehr anschaulich über den Verlust der Fähigkeit zum Männer-Verzaubern, wenn eine Frau die Artemis-Seiten in ihr bewusstes Leben integriert:

»Allerdings geht es auch für die Frau nicht ohne Opfer ab. Für sie bedeutet nämlich Bewusstwerden eine Einbuße an spezifisch weiblicher Macht. Mit und dank ihrer Unbewusstheit nämlich übt die Frau eine magische Wirkung auf den Mann aus, einen Zauber, der ihr Macht über ihn verleiht. Weil sie dies instinktiv fühlt und diese Macht nicht verlieren möchte, sträubt sie sich oft bis aufs Äußerste gegen das Bewusstwerden, auch wenn ihr das Geistige als solches höchst erstrebenswert erscheint. Manche Frauen halten sich sozusagen künstlich unbewusst, nur um dieses Opfer nicht bringen zu müssen. Man muss allerdings sagen, daß sehr oft die Frau hierin auch durch den Mann bestärkt wird, da viele Männer gerade an der Unbewusstheit der Frau Gefallen finden und ihrer Entwicklung zu größerer Bewusstheit, welche ihnen unbequem und unnötig erscheint, alle möglichen Widerstände entgegensetzen.«[14]

Unserer Heldin werden also ihre wilden Seiten bewusst, und sie bricht auf in die Wildnis. Es ist jetzt nicht mehr ein unbewusster Anteil von ihr, der in ihren Träumen als Hirschkuh durch die Wälder schweift, es ist auch nicht mehr ein Mann, dem sie ihre unbewusste Sehnsucht projektiv delegiert, indem sie ihn in die Fremde schickt. Sie selbst geht jetzt in den Wald, um dort allein mit ihrem Kind, absolut auf sich selbst angewiesen, zu leben.

Wie schwer muss es einer Frau fallen, die bisher immer nur den Männern geopfert und gedient hat und ihre Hände in kindlicher Unschuld wusch, sich einzugestehen, dass sie eine triebhafte sexuelle Seite hat, die viele Männer lieben und keinem Mann gehören will! Wie neu und unbekannt muss es für sie sein, das Verlangen zu spüren, in kompletter Autonomie zu leben! Unsere Heldin jedoch hat keine Angst davor, sich mit diesen Themen auseinander zu setzen. Sie gibt ihre Macht über Männer auf, die auf ihrer unbewussten Weibchenrolle beruht hat, und setzt sich stattdessen auf der Basis eines neuen inneren Frauenbildes dem Unbekannten aus. Noch einmal muss unsere Heldin aus vertrauten und lieb gewordenen Verhältnissen aufbrechen und fortgehen, um das Ziel zu erreichen, eine starke Frau zu werden.

Die Waldeinsamkeit

Auf ihrer Reise kommt unsere Heldin in einen großen und wilden Wald. Der Wald steht, wie wir schon zu Beginn des Märchens sahen, für den unbewussten Bereich des Menschen. Die Schilderung des Waldes als groß und wild deutet an, dass das Mädchen mit wirklich gefährlichen und unzivilisierten Seiten des Unbewussten in Kontakt kommt. Eine Reise ins Unbewusste zu unternehmen, heißt, eine Reise nach innen zu machen. Die Reise in den Wald soll aber nicht nur symbolisch verstanden werden. Für Frauen kann es ganz konkrete Auswirkungen haben, wenn sie sich in die Wälder begeben und die Kräfte der Natur auf sich wirken lassen. Bolen schreibt in diesem Zusammenhang: »Frauen, welche Artemis in die Wildnis folgen, entdecken bezeichnenderweise, dass sie nachdenklicher werden. Häufiger gestalten sich ihre Träume lebhafter als gewöhnlich, was wiederum dazu beiträgt, dass sie sich nach innen wenden.«[15]

Was geschieht, psychologisch gesehen, wenn eine Frau sich »in den Wald« begibt, sei es innerlich oder in der Realität? Wir finden hier das Motiv der Einsamkeit, die eine Vorbedingung ist für die Begegnung mit dem Unbewussten. Die Einsamkeit bewirkt in uns eine Introversion. Mit diesem Begriff wird in der Psychologie der Rückzug aus der Außenwelt beschrieben. Ein introvertierter Mensch hat seine Aufmerksamkeit vorwiegend nach innen gerichtet, äußere Ereignisse verlieren für ihn an Wichtigkeit. Durch diesen Vorgang wird die Innenwelt, das Unbewusste, belebt, die transzendente Funktion wird aktiv, und die selbstorganisierenden Prozesse, von denen wir schon gesprochen haben, werden angeregt. Wie schon in der Szene bei Mondschein im Garten, so wird auch jetzt, in der Waldeinsamkeit, dieses Phänomen durch einen Engel symbolisiert, der sich um unsere Heldin und ihr Kind kümmert.

Sie, liebe Leserin, wissen bereits, dass die transzendente Funktion eine Fähigkeit der menschlichen Psyche ist, die in scheinbar ausweglosen Situationen Lösungen hervorbringen kann, was manchmal wie ein Wunder auf uns wirkt. Vielleicht sind Sie auch bereit dazu, sich auf solch einen Prozess einzulassen. Aber bisher haben sich in Ihrem Leben noch keine Wunder ereignet. Und Lösungen für Ihre Probleme mit den Männern haben sich auch noch keine ergeben. Vermutlich möchten Sie darum gerne ein bisschen mehr darüber wissen, wie Sie einen solchen Prozess herbeiführen können. Dazu gibt es in der Tat einiges zu erzählen.

Die transzendente Funktion

Wesentlich für das Inkrafttreten der transzendenten Funktion, so hat C. G. Jung herausgefunden, sind zwei Bedingungen. Zum einen müssen Sie bereit sein, die psychische Anspannung auszuhalten, die durch eine problematische und scheinbar ausweglose Situation erzeugt wird, zum Zweiten müssen Sie den Zustand der Introversion herbeiführen, über den wir schon gesprochen haben.

Lassen Sie mich diese beiden Bedingungen näher erläutern. Sie erkennen in Ihrem Alltagsleben eine Situation, in der Sie nicht handeln, sondern innehalten und auf das Wirken der transzendenten Funktion warten müssen, daran, dass diese Situation durch eine »Entweder-oder«-Frage gekennzeichnet ist. Sollen Sie dies tun oder jenes? Beide Handlungsmöglichkeiten bringen Vorteile mit sich, haben aber auch entscheidende Nachteile. Gespräche mit lieben Menschen bringen keine Lösung, denn die Ratschläge Ihrer Lieben teilen sich exakt auf in 50 %, die für die eine Variante plädieren, und 50 %, welche die andere Variante favorisieren. Sie haben schon Listen angefertigt mit Vorteilen und Nachteilen der beiden Möglichkeiten, haben Plus- und Minuspunkte verteilt und haben feststellen müssen, dass sich Ihr Problem auf diese mathematische Art nicht lösen lässt, eben weil sich die Vor- und Nachteile beider Varianten exakt die Waage halten. Sie sitzen in einem Patt. Gleichzeitig ist die Situation, die Sie gerne ändern wollen, dringend änderungsbedürftig, Sie möchten etwas tun, Sie möchten aktiv werden.

In einem Patt zu stecken, erzeugt, milde ausgedrückt, beträchtliche psychische Anspannung. Etwas deutlicher formuliert: Menschen in einem Patt geht es ziemlich dreckig. Mit der Zeit bemerken Menschen in einer solchen Pattsituation auch, dass niemand aus ihrem Freundeskreis sich ihre Sorgen noch länger anhören will, sie werden lästig. Die Freunde und Freundinnen haben alle schon längst ihr Pulver verschossen, haben ihre Meinung kundgetan und fangen vielleicht sogar allmählich an, beleidigt zu sein, weil ihre Ratschläge nicht befolgt werden. Neben der Qual ihrer ungelösten Pattsituation bemerken diese Menschen dann, dass sie, langsam, aber sicher, auch noch sozial vereinsamen. Manchmal suchen Menschen in solch einer Situation professionelle Hilfe auf. Das Falscheste, das eine Psychoanalytikerin dann tun kann, ist, ebenfalls mit Ratschlägen aufzuwarten. Dies nicht zu tun, ist meistens ziemlich schwierig, weil die Menschen in Pattsituationen sich ja eine Lösung ihrer Probleme erhoffen. Dafür bezahlen sie, und dafür investieren sie eine bis zwei Therapiestunden in der Woche.

Psychoanalytiker, die nach der Methode von C. G. Jung arbeiten, gehen davon aus, dass sich auf jeden Fall eine Lösung für das Problem einstellen wird. Allerdings dauert das meistens eine Weile. Denn das Problem, um das es geht, lässt sich durch bewusste, rationale Überlegungen nicht lösen, das hat die Erfahrung ja gezeigt. Darum kann die Lösung nur vom Unbewussten kommen. Aber das Unbewusste braucht Zeit. Und darum ist es wichtig, die schier unerträgliche psychische Anspannung zunächst einmal auszuhalten und abzuwarten. Ehe- und Beziehungskrisen, wie sie unsere Heldin aus dem Märchen erlebt hat, sind oftmals solche Situationen, in denen es angebracht ist, die Entscheidung, ob man sich trennt oder ob man zusammenbleibt, nicht übers Knie zu brechen. Viele Menschen tun das leider, weil sie es nicht schaffen, die Anspannung auszuhalten und sich und ihrem Partner mehr Zeit zu geben. Manche Paare trennen sich übereilt, manche Paare heiraten ganz schnell, oder sie machen ein Kind. Die scheinbare Lösung mit dem Kind als Kleister kann besonders fatale Auswirkungen haben, weil das eigentliche Problem ja noch lange nicht gelöst ist und sich wahrscheinlich ein kleines Kind, kaum ist es auf der Welt, im Scheidungskrieg der Eltern wieder findet.

Zunächst einmal rate ich also Menschen in einer derartigen Pattsituation, momentan keine Entscheidungen zu treffen und die psychische Anspannung auszuhalten. Dies allein genügt jedoch nicht. Um das Unbewusste zu aktivieren, von dem wir uns ja die Lösung erhoffen, müssen die Menschen sich in den schon erwähnten Introversionszustand begeben. Sie müssen ihre Aufmerksamkeit nach innen richten und die Außenwelt unwichtiger werden lassen. Nur wenn das Bewusstsein zunächst einmal schweigt und das Schweigen auch durchgehalten wird, wenn die Aufmerksamkeit sich konsequent nach innen richtet und, wenn man auch innehält, jegliche Aktivität einstellt und die Dinge geschehen lässt, können unbewusste Aktivitäten in Gang kommen. Das ist es auch, was unsere Heldin tut, wenn sie sich, in der Symbolik des Märchens ausgedrückt, in die Waldeinsamkeit zurückzieht. Wichtig für uns in der Psychotherapie ist, zu wissen, dass nicht vorhergesagt werden kann, wie lange die Spannung ausgehalten werden muss, bis die transzendente Funktion die ersehnte Lösung herbeiführt. Unter Umständen muss sehr lange gewartet werden. Dies wird im Märchen beschrieben durch die Wartezeit von sieben Jahren – eine wahrlich lange Zeit für ein Menschenleben.

In unserer realen Welt wird es eher schwierig sein, sich für lange Zeit in einen Wald zurückzuziehen oder in eine Höhle im Himalaja, wie es die indischen Yogis tun. Rückzug in die Waldeinsamkeit kann für Menschen unserer Tage schon bedeuten, wenn wir aufhören, in der äußeren Welt nach Ablenkung von unseren Qualen zu suchen. Waldeinsamkeit wird erzeugt, wenn wir nicht mehr länger mit allen Freunden und Freundinnen telefonieren, um ihnen unser Leid zu klagen. Wenn wir alleine daheim bleiben und unserem Schmerz ins Gesicht schauen, anstatt uns durch hektische Aktivität von unseren Gefühlen abzulenken.

Die Frau in unserem Märchen hat einen schweren Schock erlitten. Ihr Mann wollte sie töten lassen, so sieht ihre subjektive Wahrnehmung aus. Ein Äquivalent in unserer Zeit hierfür wäre der Mann, der seine Frau betrügt, der Mann, der seiner Frau sagt: »Ich habe dich nie geliebt«, und sich von ihr scheiden lassen will. Wenn starke Frauen an ihren schmerzhaften Schicksalen wachsen wollen, um nicht an ihnen zu Grunde zu gehen, wenn sie sich entwickeln wollen, um nicht länger in der Opferrolle zu verharren, ist es wichtig, zu einem gewissen Zeitpunkt damit aufzuhören, in der Außenwelt

Hilfe und Entspannung zu suchen. Die Reise muss dann in die Innenwelt gehen, die Frau muss das Alleinsein suchen und den Mut aufbringen, sich ihrem Schmerz zu stellen.

Der Schmerz

Damit sind wir bei einem sehr ernsten Thema angelangt: dem Schmerz der starken Frau. Über die Tränen der starken Frau haben wir uns schon unterhalten. Die Tränen der starken Frau können viele erlösende Komponenten haben. Wenn starke Frauen ausgiebig geweint haben, fühlen sie sich meistens besser. Die letzte Phase der Entwicklung des schwachen inneren Mädchens, der Schmerz der starken Frau, hat zunächst überhaupt nichts Angenehmes mehr. Schmerz ist grausam, weiter nichts. Und es erfordert überaus viel Stärke und Mut, sich dem Schmerz zu stellen. Aber dieses Thema lässt sich nicht umgehen, so lautet die Botschaft des Märchens. Unsere Heldin nennt ihren Sohn »Schmerzenreich«. Damit ist angedeutet, dass der Schmerz im Leben der starken Frau irgendwann seinen Platz finden muss.

Woher kommt dieses häufige Motiv im Märchen, dass Frauen in Schmerzen und Einsamkeit leiden müssen, um sich zu entwickeln? Psychologisch lässt sich dieses Phänomen folgendermaßen erklären: Frauen sind in unserer Kultur auf Bezogenheit zu anderen Menschen hin erzogen worden. In unserer Kultur sind es die Männer, die gelernt haben, unabhängige Einzelkämpfer zu sein. Für Frauen ist diese Art, das Leben zu meistern, eine unbekannte Welt. Für das weibliche Geschlecht bedeutet Weiterentwicklung ihrer Persönlichkeit daher zu lernen, alleine und aus eigener Kraft mit den Schwierigkeiten, die das Leben bereithält, zurechtzukommen. Für Männer besteht übrigens eine zentrale Entwicklungsaufgabe darin, sich anzuvertrauen und in Beziehung mit anderen nach Lösungen zu suchen. Alleine zurechtkommen können Männer meist schon.

»Blödsinn!«, werden Sie einwenden. »Ich komme sehr gut alleine zurecht. Das muss ich wirklich nicht mehr lernen. Das habe ich mir in den letzten Jahren weiß Gott schon angeeignet! Ich brauche niemanden!« Sie haben Recht, liebe starke Frau, wenn Sie dies von sich sagen. Sie können alleine mit sich zurechtkommen. Die Frage ist nicht, ob Sie das schon können, sondern auf welche Art und Weise Sie dies bisher getan haben. Vermutlich haben Sie gelernt, mit Ihrer Einsamkeit zurechtzukommen, indem Sie aktiv wurden. Statt zu Hause zu sitzen, haben Sie etwas unternommen. Ihr Terminplan ist übervoll. Was soll ich am Wochenende tun? Mit Olaf auf die Vernissage, mit Nicole auf die Schwulenhochzeit oder mit der Salsagruppe zum Openairkonzert von Celia Cruz? Weihnachten? Kein Thema. Bauchtanz in der Türkei, Skihütte in Interlaken oder Beauty-Woche in der Bretagne. Alles kann geregelt werden, alles ist völlig unter Ihrer Kontrolle. Eines müssen Sie sicher nicht mehr lernen: die Dinge zu organisieren. Sie müssen etwas anderes lernen: die Dinge geschehen zu lassen. Und der Preis für diese Lernerfahrung ist hoch: Sie müssen lernen, der Einsamkeit ins Gesicht zu schauen. Und das tut weh. Und es ist überhaupt nicht einfach.

Eine starke Frau, die sich schon seit Jahren nach einer Beziehung zu einem Mann sehnte, diese Sehnsucht bisher nicht verwirklichen konnte und sich auf den Weg gemacht hatte, war eines Tages an diesem Punkt ihrer Analyse angelangt. Silvester stand vor der Tür. Sie war Single. Alle anderen im Freundeskreis waren entweder gerade verheiratet oder waren ebenfalls Singles. Die Verheirateten feierten im Familienkreis, die Singles stürzten sich in die üblichen Silvester-Single-Aktivitäten, von denen einige oben schon genannt wurden (Skihütte & Co.). Diese starke Frau fühlte, dass dieser Jahreswechsel anders begangen werden musste. Die Aktivitäten der vergangenen Jahre erschienen ihr schal. Es musste etwas Neues passieren. Aber was? Sie hatte große Angst vor dem, was ihr bevorstand, obwohl sie eigentlich schon genau wusste, was zu tun war. Sie musste ihr Silvester alleine verbringen. Nur mit sich. Sie musste endlich der Tatsache ins Auge sehen, dass sie alleine war. Und sie musste lernen, mit dieser Tatsache anders umzugehen als bisher.

Diese starke Frau beschloss, ihr Silvester nur mit einer Person zu feiern: mit sich selbst. Sie kochte ein wunderbares Menü für sich ganz allein. Sie kaufte sich eine sündhaft teure Flasche Rotwein. Sie sagte alle Einladungen ab und widerstand allen Versuchungen, doch noch einen Last-Minute-Flug zu buchen. Sie feierte ihr Silvester alleine in ihrer Wohnung und bereitete sich darauf vor, einen wichtigen Gast zu empfangen: die Einsamkeit. Sie wusste nicht, wie dieser Abend verlaufen würde, und sie schaffte es mit aller Kraft, die ihr zur Verfügung stand, keinerlei Vorkehrungen zu treffen. Es gelang ihr, einfach bereit zu sein und abzuwarten. Sie tanzte mit sich allein, sie schrieb in ihr Tagebuch, sie saß auf ihrem Balkon und schaute dem Feuerwerk zu. Sie fühlte sich einsam, und sie bemerkte, dass niemand, auch nicht der beste Mann, sie von dieser Art des Alleinseins erlösen konnte. Auch in der innigsten Beziehung würde ein Teil ihrer selbst immer alleine bleiben. Diese Erkenntnis gehört zu den Grundtatsachen des menschlichen Lebens. Und nur der Mensch ist wirklich stark, nicht nur äußerlich, sondern auch innerlich, der diese Grundtatsache verstanden hat. Die Silvesternacht dieser starken Frau gehörte vermutlich nicht zu den lustigsten Nächten ihres Lebens, aber sicher zu den denkwürdigsten. Es geschah nichts Spektakuläres, aber es geschah etwas sehr Wichtiges. Diese Frau machte eine neue Erfahrung. Seit dieser Nacht weiß sie, dass sie vor dem Alleinsein nicht mehr davonlaufen muss.

Die starken Frauen, die von ihrer bewussten Einstellung her ja schon lange glauben, mit Einsamkeit gut umgehen zu können, müssen, wenn sie an ihrer inneren schwachen Frau arbeiten, damit beginnen, ihrer inneren Einsamkeit nicht länger durch hektische Aktivitäten auszuweichen. Sie sind stark genug, sich einzugestehen, dass sie sich manchmal bitterlich alleine und verlassen fühlen. Und sie sind auch stark genug, zu lernen, dass sie an den Gefühlen der Einsamkeit nicht zu Grunde gehen. Erst wenn sie gelernt hat, alleine zu sein, ist die starke Frau reif für eine echte Beziehung. Sie muss sich dann nicht mehr an einen Mann klammern, sobald sie verliebt ist (und ihn damit in die Flucht treiben), sie muss auch nie wieder stärker scheinen, als sie ist. Sie hat gelernt, ihre Schwäche zu zeigen, und kann es als Geschenk nehmen, wenn ihr jemand hilft, sie ist aber nicht abhängig von der Hilfe anderer Menschen.

Das Märchen beschreibt, dass im Laufe von sieben langen Jahren in der Waldeinsamkeit unserer Heldin die Hände wieder wachsen. Sie ist wieder ganz geworden, sie hat einen Heilungsprozess durchlaufen. Die Zeit der Abwendung von der Außenwelt und der Hingabe an ihre inneren Kräfte hat sich heilend ausgewirkt. Eine starke Frau, die selbst durch diesen Prozess gegangen ist, beschreibt das Ergebnis folgendermaßen:

»Ich kann gar nicht genau sagen, ob ich mich jetzt anders verhalte als früher. Die Veränderungen, die mit mir vorgegangen sind, sind weniger äußerlicher Natur. Es hat mehr etwas mit meinem Gefühl und meiner Ausstrahlung zu tun. Ich habe das Gefühl, als sei ich ganzer geworden, irgendwie vollständiger. Ich bin weicher und ruhiger geworden, weiblicher, wenn man so sagen will. Ich habe keine Angst mehr davor, anderen Menschen Schwäche zu zeigen. Früher bin ich in Panik geraten, wenn ich merkte, dass ich traurig oder unsicher wurde. Ich dachte immer, dass niemand wissen dürfe, wie es in Wirklichkeit um mich bestellt war. Ich ging davon aus, dass alle Menschen entsetzt wären, wenn sie davon wüssten. Oder dass sie mit Schadenfreude reagieren würden. Ich wurde immer dafür bewundert, wie cool ich die Dinge managen kann. Dabei war meine Coolness nur eine Maske. Ich konnte diese Maske jedoch nicht ablegen, weil ich Angst davor hatte, dass niemand mich auffangen würde, wenn ich es täte.«

Diese starke Frau kann auch heute noch nicht sicher sein, dass irgendjemand da ist, der sie auffängt, wenn sie traurig und schwach ist. Meistens ist jemand da. Aber manchmal auch nicht. Doch sie hat jetzt keine Angst mehr davor, wenn mal niemand da ist, denn sie weiß, dass sie nicht abstürzen wird, wenn es ihr schlecht geht. Sie kommt jetzt nämlich tatsächlich mit sich alleine zurecht. Und dieses Wissen, das sie sich hart erarbeitet hat, gibt ihr unendliche Ruhe und Gelassenheit. Es macht sie, nebenbei gesagt, auch sympathischer. Denn wer will denn schon einen Menschen als Freundin oder Partnerin, der keinerlei menschliche Schwäche zeigt?

An dieser Stelle ist die Entwicklung des inneren schwachen Mädchens zur starken Frau eigentlich abgeschlossen. Wir können jetzt noch schauen, wie sich diese innerpsychische Entwicklung auf die Beziehung zu Männern auswirkt, denn es gibt im Märchen ja noch einen König, den Partner unserer Heldin.

Die Wandlung des inneren Männerbildes

Wenn wir jetzt nachvollziehen, was mit dem König in der Zwischenzeit geschehen ist, geht es uns an dieser Stelle nicht um die Entwicklung des Mannes selbst, sondern wir interpretieren den Wandel des Bildes, das die Frau von ihrem Mann hat, und damit die Lösung des Dilemmas unserer Heldin in ihrer Partnerbeziehung.

Als der König nach Hause kommt, klärt die Königinmutter die ganze Geschichte auf, und der König begibt sich auf die Suche nach seiner Frau. Er sucht sie sieben Jahre lang. Drewermann[16] interpretiert ein eindrückliches Bild des Märchens, das diese siebenjährige Suche charakterisiert: Der König isst nichts und trinkt nichts, die ganze Zeit. Was soll dieses Symbol bedeuten? Drewermann geht davon aus, dass ein Mensch, der so etwas tut, an Gewicht verliert. Dieser Umstand wird von Drewermann als Symbol dafür gesehen, dass der König an Wichtigkeit verliert. Er ist nicht mehr der große Held, sondern ein dünner Geselle, der Nimbus des starken Mannes ist verschwunden. Erinnern wir uns: In der Zeit am Königshof, als unsere Heldin noch auf die silbernen Hände ihres Mannes angewiesen war, hatte sie ihre Fähigkeit zur Autonomie und zur Aktivität noch an ihn delegiert, er erledigte diese Aufgaben für sie und wurde dafür bewundert, aber auch gefürchtet. Dadurch, dass unsere Heldin diese Eigenschaften jetzt bei sich selbst entwickelt hat, kann sie den König immer mehr so sehen, wie er wirklich ist, als einen ganz normalen Menschen.

Als der König endlich das Haus im Wald gefunden hat, in dem seine Frau seit sieben Jahren wohnt, wird er vom Engel in Empfang genommen und legt sich zum Schlafen hin. Er breitet dafür ein Tuch über sein Gesicht, das ihm dann zweimal herunterfällt. Das Tuch und das Herunterfallen desselben stehen im Märchen in Zusammenhang mit dem Vorgang des gegenseitigen Wiedererkennens von Mann und Frau. Von der Perspektive des Königs aus gesehen könnte man sagen, dass der König das Tüchlein über sein Gesicht breitet, weil er sich noch nicht ganz zeigen will, er hat eine große Scheu, seiner Frau sein abgemagertes Gesicht zu zeigen. Wird sie ihn auch noch lieben, wenn er nicht mehr der große Held ist? Das Herunterfallen des Tüchleins kann von der Perspektive der Frau aus gesehen als die Rücknahme ihrer Projektionen interpretiert werden. Auf einmal sieht unsere Heldin ihren Mann so, wie er wirklich ist. Das Wiedersehen der beiden erscheint wie ein Erwachen aus tiefem Schlaf. Dieser Vorgang, die Rücknahme der Projektion, ist ein äußerst wichtiges Moment in der Liebe zweier Menschen. Wir werden darum im nächsten Kapitel, das den Animus behandelt, noch mehr darüber hören.

Auch der König nimmt seine Projektionen zurück, auch er sieht seine Frau jetzt anders: als jemanden, der eigene Hände hat. Sie braucht nicht mehr seine Hilfe, um sich in der Welt zurechtzufinden. Von der Sicht der schwachen Frau aus ist ihre Entwicklung zur starken Frau jetzt abgeschlossen. Sie hat Schmerzenreich geboren und am Leben erhalten und darüber ihre Handlungsfähigkeit gewonnen. Sie kann auf Grund ihrer Entwicklung ihrem Mann neu begegnen. Dies wird durch das Symbol der neuerlichen Hochzeit verdeutlicht, die die beiden jetzt feiern. Das Märchen zeigt uns auch ein wesentliches Moment für Paarbeziehungen, das in der heutigen scheidungsfreudigen Zeit leider allzu oft vergessen geht: Um sich wirklich lieben zu können, kann es sein, dass ein Paar sich nach der ersten Hochzeit für eine lange Zeit trennen muss, um dann erst beim zweiten Zusammenkommen wirklich zu heiraten.

Vielleicht verstehen Sie, liebe starke Frau, jetzt, am Ende dieses Kapitels, auch besser, warum ich so dringend dazu rate, keine überstürzte Entscheidung zu treffen, wenn es in der Beziehung zu Ihrem geliebten Mann um die »Entweder-oder«-Frage geht. Viele Beziehungen werden in unseren Tagen zu einem Zeitpunkt beendet, an dem die eigentliche Entwicklung erst beginnen müsste. Nach den ganzen Verwirrungen und Krisen am Königshof erlebt unsere Heldin noch sehr viele entscheidende Dinge, denken Sie immer daran!

Diese Chance sollten Sie sich und Ihrem Geliebten auch geben, finde ich. Zugegeben, es kann sein, dass der Mann, der gerade Ihr Problem darstellt, wirklich nicht Ihr König ist. Aber Sie müssen eines wissen: Solange nicht Sie selbst Ihr inneres schwaches Mädchen zur starken Frau entwickelt haben, werden Sie mit jedem Mann in die Krise am Königshof geraten, und Sie werden nie die Fähigkeit erhalten, mit Ihrem echten König, wenn er dann da ist, die Liebe aufzubauen, die Sie beide verdienen. Also. Und eine so große Liebe ist doch wirklich ein Wert, für den es sich lohnt, die ganze Mühsal auf sich zu nehmen, oder nicht?

Der geheime Steuermann

Die Geschichte vom Mädchen ohne Hände hat Ihnen, liebe Leserin, vermutlich schon in einigen Punkten die Augen darüber geöffnet, woher die merkwürdigen Gefühlsschwankungen kommen können, die bei starken Frauen mit der Liebe zu einem starken Mann einhergehen. Eine Frage ist bisher jedoch noch nicht geklärt: Wie kommt es, dass starke Frauen sich überhaupt in die starken Männer verlieben? Warum muss es immer Wolf, der Streuner, sein, warum immer der, der so schwer zu erringen ist, warum immer der, der am wenigsten gut zu uns ist? Warum langweilt uns der nette Junge von nebenan, warum können wir uns nicht in einen ganz normalen, liebenswürdigen Menschen verlieben? Auf diese Fragen versuche ich in diesem Kapitel Antworten zu geben. Und wenn Sie auch noch dieses Kapitel gelesen haben, dann haben wir das gesammelte Know-how zusammen, um das romantische Dilemma der starken Frau zu klären und das Steuer über unser Seelenschiff besser in den Griff zu kriegen.

Im letzten Kapitel haben wir uns mit der geheimen Steuerfrau beschäftigt, die großen Einfluss auf die Psyche starker Frauen nimmt. Wir haben Tussi entdeckt, eine Schattenfigur in der Psyche von starken Frauen. Wir haben auch am Beispiel des Märchens vom Mädchen ohne Hände gesehen, wie dieses schwache innere Mädchen sich zu einer starken Frau entwickeln kann. Am Anfang dieses Buches habe ich jedoch erwähnt, dass es auch einen geheimen Steuermann in der Psyche der starken Frau gibt. Jetzt wollen wir uns ausführlicher mit diesem geheimen Steuermann beschäftigen, mit dem inneren Mann, den Jung den »Animus« nennt; denn der Animus ist es, der das Steuer übernimmt, wenn es ums Verlieben geht.

Die Entstehung des Animus

Bevor wir uns mit der brennenden Frage des Verliebens befassen, interessiert uns jedoch zunächst, wie der Animus in der Psyche einer Frau überhaupt entsteht.

Wenn sie als Baby auf die Welt kommt, ist der Animus der Frau noch nicht in ein konkretes Bild gefasst. Das weibliche Baby trägt lediglich den Archetyp des Männlichen in sich, das heißt die Bereitschaft, all die Qualitäten zu entwickeln, die in der Sprache unserer Kultur als »männlich« beschrieben werden, die in China »yang« heißen und die ein archaischer Stamm irgendwo in Asien oder Afrika wieder anders nennen würde. Die Funktionsweise eines Archetyps haben wir uns entwicklungspsychologisch vorzustellen wie die eines Magneten, der im Laufe der Zeit diverse Eisenteilchen anzieht und so laufend sein Aussehen ändert. Wenn wir uns außerdem noch vorstellen, dass der Magnet selber unsichtbar ist wie bei dem Kinderspiel, bei dem ein Magnet unter einem Stück Papier verborgen ist und auf die Oberfläche des Papiers Eisenspäne geschüttet werden, worauf das Kind fasziniert die unterschiedlichen Formen beobachtet, die die Eisenspäne bilden, wenn jemand den Magnet unter dem Papier bewegt, dann kommen wir dem, was unser Bewusstsein von der Aktivität des Archetyps wahrnimmt, schon ziemlich nahe. Der Archetyp selbst ist unanschaulich. Er stellt lediglich eine Art Energiezentrum dar, das gewisse Teilchen anzieht. Wir können das Energiezentrum selbst nicht wahrnehmen, nur die Teilchen, die es angezogen hat.

Der Archetyp als solcher ist unveränderlich und allen Menschen gemeinsam. Die Teilchen, die er anzieht, variieren allerdings von Kultur zu Kultur, von Zeitalter zu Zeitalter und von Individuum zu Individuum. Der Magnet zieht eben zunächst die Teilchen an, die er gerade vorfindet. Logisch, dass ein Magnet in Indien andere Teilchen vorfindet als ein Magnet in einem badischen Dorf. Wir haben aber im Laufe unseres Lebens glücklicherweise auch die Möglichkeit, durch Arbeit an und mit unserem Unbewussten, durch Selbstreflexion oder in einer Psychoanalyse, selber alte Teilchen wegzunehmen und neue Teilchen hinzuzufügen. Mit anderen Worten: Wir können an der Ausgestaltung eines Archetyps aktiv mitwirken.

Der Archetyp des Männlichen zieht alle Teilchen an, die mit dem zu tun haben, was das Thema »Männlichkeit« betrifft. Welches sind nun die Teilchen, mit denen sich das Bild des Animus in unserem weiblichen Baby ausformt? Es sind die Teilchen, die das erste Männliche, dem es in seinem jungen Leben begegnet, hergibt. Das erste Männliche, dem ein Baby begegnet, ist in der Regel der Vater und – um es ein wenig kompliziert zu machen – der Animus der Mutter, das männliche Prinzip, so, wie es in der Mutter ausgeformt ist. Auch die Mutter des weiblichen Babys hatte einen Vater, der Teilchen für ihren Archetypus des Männlichen, ihren Animus, ihren inneren Mann, geliefert hat. Und die Mutter der Mutter unseres weiblichen Babys hat ebenfalls ein Leben lang männliche Teilchen gesammelt, um damit ein Bild ihres inneren

Mannes zu formen. Wenn wir diese Überlegungen einmal ein paar Generationen zurückdenken, dann wird uns klar, warum es so viele neue Generationen braucht, wenn an den gesellschaftlich verankerten Rollen von Mann und Frau etwas geändert werden soll. Die paar Jahre Frauenbewegung wirken angesichts unserer Ahninnengalerie wie ein Tropfen in einem großen Bergsee.

Der innere Patriarch

Nun kommt die Einsicht der Jungschen Tiefenpsychologie, die für viele starke Frauen ebenso schockierend sein wird wie die Nachricht über ihr schwaches inneres Mädchen: Das innere Männerbild, das unser weibliches Baby hat, wurde in unserer Gesellschaft in den meisten Fällen von einem traditionellen, patriarchalen Vater geformt und leider nicht von einer Feministin. Denn der innerpsychische Magnet, der für das männliche Prinzip zuständig ist, der Archetyp, kann ja nur die Teilchen aufsammeln, die er in der jeweiligen Kultur gerade vorfindet. Und das waren zum Zeitpunkt Ihres Aufwachsens, liebe Leserin, nun einmal eher die Macho-Typen und vermutlich weniger die Männer mit dem Alice-Schwarzer-Gütesiegel auf der Stirn. Und bedenken Sie: Dieses Männerbild bewohnt Ihre Psyche und ergreift das Steuer über Ihr Seelenschiff, wann immer sich eine Gelegenheit dazu ergibt!

Wenn wir nun ein wenig genauer beschreiben wollen, wie wir uns dieses Männerbild vorzustellen haben, müssen wir ganz einfach nachschauen, wie ein typischer Patriarch unserer Tage aussieht. Am besten betrachten wir die Väter, denn sie sind es ja, die als erste Figuren im Leben einer Frau die männlichen Teilchen erzeugen, die in der Psyche des jungen Mädchens von ihrem Archetyp des Männlichen gesammelt werden können. Ein traditionell patriarchaler Vater ist typischerweise zunächst mal ein Vater, der wenig zu Hause ist. Vorsicht! Dies soll kein Vorwurf an die Männer sein, es ist eine Feststellung ohne Bewertung. Sie wissen: Immer wenn wir von Archetypen sprechen, müssen wir uns vor Bewertungen hüten. Biddulph[17] hat in seinem Buch sehr schön dargelegt, wie Generationen von Männern darunter gelitten haben, als Folge der industriellen Revolution den ganzen Tag lang von ihrer Familie getrennt zu sein, und was diese Trennung wiederum für das Heranwachsen der Söhne bedeutet hat, die ihre männliche Identität mit einem abwesenden Vater entwickeln mussten. Aber wir sprechen ja nicht von der Entwicklung der Söhne, unser Thema ist die Entwicklung der Töchter. Fakt ist, dass die meisten Frauen, die sich heute zu den starken Frauen zählen, im Wesentlichen das Bild vom inneren Mann als einem abwesenden Mann gebildet haben. Dies ist übrigens ein Grund, warum wir die Streuner lieben und nicht den netten Jungen von nebenan. Aber das gehört schon zum Thema »Verlieben«. Dazu kommen wir später. Zunächst betrachten wir den inneren Patriarchen noch etwas genauer.

Was für Eigenschaften hat er noch, der typische Patriarch? Die meisten Väter der letzten Generation erzeugten in der Seele ihrer Töchter das Bild von einem Mann, der Gefühle unterdrückt. Seine Strategie war meist, überhaupt keine Gefühle wahrzunehmen, indem er sie abspaltete. Um den Schmerz nicht zu spüren, dass er so wenig eingebettet ist in die Familie, hat er die männliche Autonomie in einem unguten Extrem entwickelt. Wenn er zu Hause ist, ist er übermüdet, depressiv oder gereizt. Er hat keine Energie übrig für liebevolle Bezogenheit. Er ist der typische Einzelkämpfer, der einsam seines Weges geht und auf den Hals einer Whisky-flasche beißt, wenn ihm eine Revolverkugel ohne Narkose aus dem Oberschenkel geschnitten wird. Er entspricht dem Bild von einem Mann, der, um sich und seine Familie über die Runden zu bringen, absolut einseitig die männlichen Qualitäten entwickelt hat, die wir im Kapitel von der zweigeschlechtlichen Psyche kennen gelernt haben. Seinen inneren weiblichen Anteil musste er verkümmern lassen.

Das Weibliche in ihm musste er abwerten, sonst hätte dieser Mann seine Familie nicht ernähren können, oder er wäre unter dem Schmerz, jeden Morgen alleine aus dem Haus gehen zu müssen, zusammengebrochen. Das innere Männerbild einer jungen Frau wird also – kollektiv gesehen – von einem Patriarchen geprägt, der Autonomie und aggressive Durchsetzung einseitig in den Vordergrund stellt und weibliche Eigenschaften wie Bezogenheit und liebevolle Kooperation gezwungenermaßen in seinen Schatten geschickt hat.

Dieses Modell eines Vaters hinterlässt Spuren in den Seelen der Töchter. Der Archetyp des Männlichen in der Seele des Mädchens reichert sich mit den Eigenschaften, die der Vater vorlebt, an, und das Mädchen gelangt zu der Überzeugung, dass Männlichkeit so aussehen muss. Als inneres Männerbild entsteht ein Patriarch, in Jungscher Terminologie: ein »patriarchaler Animus«.[18]

Die positiven Eigenschaften des inneren Patriarchen

Innerpsychisch macht sich der patriarchale Animus auf verschiedene Arten bemerkbar. Er hat positive Seiten und Seiten, die der Frau entschieden schaden. Seine positiven Seiten verhelfen der Frau dazu, sich durchzusetzen. Sie kann Ehrgeiz entwickeln und ist in der Lage, ihre beruflichen Interessen auch einmal gegen die Interessen der Familie in den Vordergrund zu stellen. Sie kann gut »Nein« sagen – in der Fachsprache sagt man dazu: Sie kann sich abgrenzen. Auch schöpferische Qualitäten werden dem Animus zugeschrieben. Die Kraft, die mutig in neue Gebiete vorstößt und Altes hinter sich lässt, kommt vom männlichen Prinzip. Auch das weibliche Prinzip ist schöpferisch, allerdings mehr in der Art, dass es neue Bezüge herstellt zwischen Dingen, die schon bestehen. Das männliche Prinzip bringt Kühnheit und Wagemut in den Kanon der psychischen Qualitäten. Vom positiv patriarchalen Animus kommt die Kraft, auch einmal gegen den Strom zu schwimmen und die eigene Meinung selbstsicher zu vertreten.

In der Therapie habe ich schon viele Frauen erlebt, die mit der positiven Seite ihres patriarchalen Animus Kontakt aufgenommen haben, wenn es darum ging, auf einer Konferenz einen Vortrag zu halten. Für viele Frauen ist es ein großer Schritt, in einer Sitzung das Wort zu ergreifen und eine Meinung zu äußern, die sie selbst als abweichend vom Common sense empfinden. In solchen Phasen haben Frauen dann oft Träume von starken Männern, die ihnen dabei helfen, ein Vorhaben, zu dem Mut und Durchsetzungskraft gehört, erfolgreich durchzuführen. Starke Frauen haben in der Regel diese Seiten ihres Animus sehr gut zur Verfügung. An dieser Art Problemen müssen sie in der Therapie nicht arbeiten.

Auch in Partnerbeziehungen kann sich der patriarchale Animus positiv bemerkbar machen. Frauen, die diese Seiten in sich gut entwickelt haben, gehören in der Regel nicht zu den Vertreterinnen des weiblichen Geschlechts, von denen ein Mann sich eingesperrt fühlt und bei denen er um seine

Freiheit fürchten muss. Diese Frauen brauchen das Alleinsein und ihre Zeit für sich. Sie haben einen eigenen Freundeskreis und eigene Freizeitbeschäftigungen, die sie ausfüllen, und haben deswegen auch Verständnis dafür, wenn ihr Partner ab und zu seine eigenen Wege gehen will. Mit Sicherheit sitzen sie nicht tagelang am Telefon und warten auf den Anruf ihres Auserwählten. Sie sind autonom. Sie sind auch in der Lage, eine Beziehung, die ihnen nicht mehr passt, zu beenden und auf ihrem Pferd gen Westen in die untergehende Sonne zu reiten, wie die Cowboys es tun. Sie sehen sich selbst sicher nicht in der Rolle der sehnsüchtigen Frau, die mit Tränen in den Augen zurückbleibt. Denn starke Frauen mit einem patriarchalen Animus weinen meistens erst dann, wenn sie allein sind und ihr inneres schwaches Mädchen sich bemerkbar macht. Aber das wissen Sie ja alles schon, liebe Leserin, denn Sie sind ja eine starke Frau.

Die negative Wirkung des inneren Patriarchen

Der Animus in seiner negativen Form wirkt sich genauso aus, wie uns stark patriarchal orientierte Männer erscheinen. Sie benehmen sich starrköpfig, machtbesessen und herrschsüchtig. Sie wollen die Oberhand behalten um jeden Preis, und sie gehen dafür über Leichen. Kooperatives Verhalten wird als Schwäche gesehen, sie fühlen sich scheinbar am wohlsten in der Rolle des Einzelkämpfers. Statt sich in Dialogen gemeinsam um Verständnis zu bemühen, führen sie Verhandlungskriege, in denen es um Sieg oder Niederlage geht.

Glücklicherweise ist in der Wirtschaft diese Art der Verhandlung offenbar allmählich am Aussterben. Man spricht in der Managementszene heutzutage vom Win-win-Spiel, das die alte patriarchale Strategie vom Gewinnen und Verlieren bei Verhandlungen ersetzen soll.

Ich erinnere mich noch an meinen ersten Arbeitsplatz. In den Sitzungen wurden wir Frauen regelmäßig von einem männlichen Triumvirat niedergeredet, nie waren es unsere Vorschläge, die beschlossen wurden. Im Lauf eines Kommunikationstrainings lernte ich den Begriff »Killerphrase« kennen. Mit »Killerphrase« bezeichnet man Redewendungen oder Gesprächsmuster, die dazu dienen, das Gegenüber außer Gefecht zu setzen, es »mundtot« zu machen. Eine Killerphrase ist zum Beispiel der Satz: »Das haben wir schon immer so gemacht!« Eine andere Möglichkeit, das Gegenüber daran zu hindern, das Wort zu ergreifen, besteht in einer Technik, die in dem Kommunikationstraining als »durch sinnlosen Wortschwall verblüffen« bezeichnet wurde. Eine sehr effektive Technik ist auch die so genannte »Sprung in der Schallplatte«-Technik, die daraus besteht, einfach beharrlich immer wieder das gleiche Argument zu wiederholen und sich um die Argumente des Gesprächspartners nicht zu kümmern. Ich habe damals das Handbuch, das als Kursunterlage abgegeben wurde, regelrecht verschlungen. Nahezu alle Techniken, die beschrieben wurden, konnte ich beim patriarchalen Triumvirat an meinem Arbeitsplatz feststellen! Ich berichtete darüber meinen Kolleginnen, und wir begannen, ebenfalls mit Killerphrasen zu arbeiten.

Nach einem halben Jahr hatten sich die Machtverhältnisse im Team komplett geändert. Wir hatten gewonnen. Aber was hatten wir getan? Wir hatten mit denselben Waffen gekämpft wie die Menschen, deren Verhalten uns hatte leiden lassen. Ich weiß nicht, ob wir damals eine andere Wahl gehabt hätten. Ich weiß heute jedoch, dass es mir als Frau in meiner weiblichen Identität nicht gut tut, mit den negativen Waffen des Patriarchats zu kämpfen. Ich glaube, viele starke Frauen mussten in die Kriegsspiele des Patriarchats einsteigen, um sich die Plätze zu erobern, die sie heute haben. Aber es besteht die große Gefahr, dass dabei ihre Weiblichkeit auf der Strecke bleibt. Der Begriff »Mannweib« bezeichnet solch eine Frau, die genauso kämpft wie ein Mann. Das psychische Opfer, das sie dafür bringt, wie ein Mann kämpfen zu können, ist beträchtlich.

Daniela Heisig schreibt hierzu:

»Die Schwierigkeiten in den Anfängen der Emanzipation der Frau war, dass diese von den Frauen selbst oft missverstanden wurde als Notwendigkeit, männliche Werte und Maßstäbe zu erobern und sich mit ihnen zu identifizieren. Das Weibliche wurde dadurch zum Teil noch stärker verdrängt und abgespalten. Die Emanzipation der Frau kann aber nicht Identifikation mit dem Männlichen bedeuten.«[19]

Innerpsychisch sind die negativen Auswirkungen des patriarchalen Animus auf die weibliche Psyche unter Umständen verheerend. Denn das Patriarchat im negativen Sinn verachtet alles Weibliche und bewertet Männliches höher als Weibliches! Frauen mit einem stark patriarchal geprägten Animus sind also in großer Gefahr, in sich selbst eine männliche Energie zu entwickeln, die das Weibliche ablehnt. Das bedeutet, dass sie sich selbst die größten Feinde sind. Insgeheim verachten sie sich selbst, weil sie eine Frau sind. Dieser Vorgang ist deswegen so gefährlich, weil er unbewusst verläuft und die Frauen, die davon betroffen sind, keine bewusste Kontrolle darüber haben. Sie leiden unter Depressionen, unter Leeregefühlen oder arbeiten bis zur Erschöpfung, ohne jemals ganz zufrieden mit sich zu sein. Im schlimmsten Fall haben sie Suizidgedanken wegen ihres tiefen inneren Gefühls von Wertlosigkeit. In ihnen drin sitzt ihr eigener negativer Animus, der ihnen ständig nagende Zweifel schickt, ob sie als Frau überhaupt das Recht auf eine eigene Meinung haben. Als höchstes Lob kennt der »negative Animus« bestenfalls ein joviales: »Na ja, für eine Frau ganz gut!«

In unserer Gesellschaft sind die meisten Frauen im Laufe ihres Aufwachsens durch das Patriarchat geprägt worden. Ausnahmen gibt es immer, sicherlich gab es auch einige weniger patriarchal orientierte Väter. Die große Mehrzahl der Frauen verfügt im Moment jedoch über einen Animus, der deutlich patriarchal gekennzeichnet ist. Die Frauen, die heute starke Frauen sind, haben sich mit Hilfe der Frauenbewegung gegen das Patriarchat zur Wehr gesetzt. In ihrem Bewusstsein sind sie stolz auf ihr Frausein. Aber die meisten von ihnen haben in ihrem Unbewussten einen großen Frauenfeind sitzen: ihren eigenen negativen Animus. Der größte Gegner starker Frauen ist darum nicht so sehr der Frauenfeind in der Außenwelt, es ist der Frauenfeind in ihnen selbst. Weil er diesem Frauenfeind bei seinen Klientinnen immer wieder begegnet ist, hat C. G. Jung seine Theorie vom Animus entwickelt.

In den Träumen von Frauen tauchen solche gefährlichen Animusfiguren oft in Gestalt von Räubern, Einbrechern, Mördern oder Kriminellen auf. Sie erscheinen als männliche Figuren, welche die Träumerin bedrohen. Und sie sind tatsächlich bedrohlich, denn die innerpsychische Energie, die durch diese Figuren symbolisiert wird, kämpft gegen des weibliche Prinzip. Sie ist frauenfeindlich eingestellt und mag starke Frauen überhaupt nicht. In letzter Zeit fallen mir im Fernsehen immer mehr Filme auf, die sich um dasselbe Thema drehen: Eine starke, erfolgreiche und attraktive Frau wird von einem männlichen Psychopathen bedroht. Die Szenarien in diesen Filmen sind immer dieselben: Irgendwann, nach einem zermürbenden Nervenkrieg, ist die starke Frau völlig verängstigt alleine in einem großen Gebäude, meistens ist es Nacht. Sie flüchtet durch endlose, schwach erleuchtete Korridore vor dem nicht fassbaren männlichen Feind. Oder sie sitzt wehrlos in ihrer Wohnung und gerät immer mehr in Panik, weil sie draußen den potenziellen Mörder heranschleichen hört.

Viele starke Frauen, die eine Psychoanalyse beginnen, berichten Träume, die ähnliche Horrorszenarien aufweisen. Und eigentlich ist es kein Wunder, dass in der heutigen Zeit, in der die Frauen immer stärker werden, derartige Filme offenbar vom Publikum so gerne gesehen werden. Diese Filme sind die moderne Art von Märchen. Sie stellen aktuelles innerpsychisches Geschehen dar. Sie ermöglichen es uns, uns mit unbewussten Seiten von uns zu befassen und nach Lösungen zu suchen. Beim Schatten haben wir bereits darüber gesprochen, dass ein Extrem in unserem bewussten Leben zu einem gegensätzlichen Extrem im Unbewussten führt. Dasselbe gilt für den Animus: Je stärker eine Frau ihren inneren Patriarchen als Kampfpartner zur Durchsetzung in der Außenwelt entwickelt hat, umso gefährlicher, weil frauenfeindlicher, wird er in ihrem Unbewussten wirksam. In der Außenwelt kann sie mit ihrem Verhalten Erfolge haben, wie ich ihn auch hatte bei dem patriarchalen Triumvirat an meinem Arbeitsplatz.

Aber eine Frau muss immer wissen, dass die Waffen der Männer sich letztendlich gegen sie selbst richten. Frauen müssen, wenn sie psychisch gesund bleiben wollen, auf die Dauer ihre eigenen, weiblichen Strategien zur Durchsetzung entwickeln, wie es auch die Königinmutter im Märchen vom Mädchen ohne Hände getan hat. Denn Frauen sind Frauen, und Männer sind Männer. Beide Geschlechter wollen sich ab und zu gerne durchsetzen. Das Recht dazu haben beide. Aber die Frauen müssen ihre weiblichen Formen zur Selbstbehauptung finden, die zu ihnen passen, sonst werden sie zu psychischen Krüppeln, weil ihr verrückt gewordener patriarchaler Animus im unbewussten Bereich ihrer Seele Amok läuft.

Die Emanzipation des inneren Patriarchen

Natürlich hat die Jungsche Psychologie sich auch Gedanken darüber gemacht, was eine Frau tun kann, um die negativen Seiten ihres patriarchalen Animus zu ändern. Der Animus kann nämlich emanzipiert werden. Wie geht das vor sich? Erinnern Sie sich daran, wie der Archetyp seine Arbeit tut: Er sammelt fleißig alle Teilchen, die er finden kann, und stellt daraus ein Bild zusammen. Dieses Bild an sich stellt eigentlich gar kein Problem dar, denn die Teilchen, die dieses Bild ergeben haben, können ausgetauscht und durch andere ersetzt werden. Der Archetyp des Männlichen, der Magnet, der männliche Teilchen sammelt, ist gerne bereit, auch Männerteilchen zu sammeln, die Alice Schwarzer gefallen würden. Das Problem im Umgang mit dem inneren Männerbild besteht nur so lange, wie dieses Bild nicht bewusst ist. Denn solange man nicht weiß, was das Unbehagen und die Albträume verursacht, weiß man auch nicht, wo man ansetzen soll, um dem Übel Abhilfe zu verschaffen. Der erste Schritt dazu, Teilchen auszutauschen und auf diese Art an der Ausgestaltung des persönlichen Animus aktiv mitzuwirken, beginnt also damit, das Bild als solches zu erfassen. Konsequenz für die starke Frau: Zunächst einmal muss sie sich der Tatsache stellen, dass sie den Keim zur Selbstzerstörung in sich selbst trägt.

Das hört sich einfach an, ist aber, wenn man versucht, es zu tun, meistens ziemlich schwierig, weil es große emotionale Widerstände mit sich bringt. Das Prinzip ist eigentlich recht simpel, die Umsetzung dieses Prinzips bereitet allerdings oftmals einige Mühen. Am besten, ich gebe Ihnen einfach mal ein Beispiel, indem ich Ihnen eine Geschichte erzähle. Und weil starke Frauen zusammenhalten, erzähle ich Ihnen noch einmal eine Geschichte von mir selbst.

Als ich damit begann, an der Universität zu arbeiten, war meine Vorstellung davon, wie Wissenschaft auszusehen hat, extrem patriarchal geprägt. Wie hätte es auch anders sein sollen? Die meisten berühmten Denker sind Männer, erst die Frauenbewegung hat sich unter vielen Bemühungen darangemacht, die Werke von schlauen Frauen viele Jahre nach deren Tod zu veröffentlichen. Als Studentin an der Universität hatte ich es hauptsächlich mit männlichen Professoren zu tun. Die wenigen Frauen, die ab und zu auftauchten, waren leider in vielen Fällen Frauen, die mir kein attraktives Modell für die Kombination »Weiblichkeit und Intellekt« vorlebten. Sie waren meist genauso männlich wie ihre männlichen Kollegen, sie kleideten sich entsprechend und benahmen sich auch wie Männer.

In meiner Arbeit bemühte ich mich, dem männlich geprägten Bild von Wissenschaft zu entsprechen. Ich hatte große Hochachtung vor meinen männlichen Kollegen, die ein sauber ausformuliertes Manuskript vortrugen, komplizierte Sätze bildeten und dadurch hochintelligent wirkten. Ich legte viel Wert darauf, meine Vorlesungen möglichst objektiv zu halten. Ich vermittelte den Stoff mit vielen Fremdwörtern und diskutierte mit meinen Studierenden die reine Theorie. Wenn eine Studentin begann, Bezüge zwischen Theorie und ihrem Privatleben herzustellen, indem sie von ihrer Familie oder ihrer eigenen Kindheit erzählte, wertete ich dies als »unwissenschaftlich« ab. Meine Vorlesungen waren dem reinen Denken gewidmet.

Nachts fand ich keine Ruhe. Ich schlief schlecht. Mein eigener innerer Wissenschaftler tauchte in meinen Träumen als Professor auf, der mich prüfte. In diesen Prüfungen versagte ich meistens, ich fühlte mich klein und minderwertig. Mir fielen keine Argumente ein, ich hatte den Stoff vergessen, obwohl ich viel gelernt hatte, und mein Mund war trocken. Es war ekelhaft. An der Universität bemühte ich mich immer mehr um das, was ich für Wissenschaftlichkeit hielt. Die Albträume von dem prüfenden Professor wurden durch meine Bemühungen in der Außenwelt aber nicht besser, wie ich es erhofft hatte. Im Gegenteil: Sie wurden immer schlimmer.

Ich begann, in meiner Analyse von meinem Unwohlsein zu erzählen. Ich rückte meinem inneren patriarchalen Wissenschaftler mit einer Methode zu Leibe, die Jung erfunden hat. Diese Methode nennt sich »aktive Imagination«. Ich werde sie im Folgenden etwas genauer beschreiben, damit Sie, liebe Leserin, die aktive Imagination benutzen können, wenn Sie das Bedürfnis verspüren, Ihren patriarchalen Animus zu emanzipieren.

Die aktive Imagination

Bei dieser Methode versucht die Träumerin, die einen Traum erinnert, sich vorzustellen, sie könne mit ihrer Traumfigur sprechen. Auf diese Weise nimmt ihr bewusstes Ich Kontakt auf mit einem unbewussten Anteil in ihrer Psyche.

Sie erinnern sich, was wir über die Art und Weise gesagt haben, wie der Archetyp des Männlichen in der Psyche der

Frau seine Teilchen sammelt? Auf Grund der Erfahrungen, die eine Frau im Laufe ihres Lebens mit Männern macht, entsteht ihr eigenes inneres Männerbild. Dieses Bild kann geändert werden, allerdings ist die Voraussetzung dafür, dass dieses Bild sichtbar wird und nicht länger im unbewussten Bereich spukt. Darum müssen Sie sich zunächst ein Bild von Ihrem inneren Mann machen. Sie können dieses Bild aus Ihren Träumen übernehmen, wenn Sie sich an Ihre Träume erinnern. Im Fall vom patriarchalen Wissenschaftler hatte ich als Ausgangsbasis meiner Arbeit meine Prüfungsträume.

Falls Sie sich nicht an Ihre Träume erinnern, dann können Sie Ihren inneren Mann zum Beispiel malen. Begeben Sie sich irgendwohin, wo Sie Ruhe haben (eine Waldeinsamkeit), und versuchen Sie, Ihre Aufmerksamkeit nach innen zu richten. Nehmen Sie ein weißes Blatt Papier, und fangen Sie einfach an zu malen. Wenn Sie sich in einem Zustand der Introversion befinden, wird Ihr innerer Mann aus dem Unbewussten auftauchen. Sie müssen noch wissen, dass Frauen in ihrer Psyche zu verschiedenen Themen auch verschiedene männliche Gestalten haben. Sie haben zum Beispiel einen inneren Geschäftsmann, einen inneren Soldaten und einen inneren Liebhaber. Je nachdem, mit welchem Thema Sie sich gerade befassen wollen, wird sich die entsprechende männliche Vorstellung dazu in Ihrer Psyche konstellieren, als Folge davon taucht ein Bild auf.

Sobald Sie sich ein Bild von Ihrem inneren Mann gemacht haben, können Sie damit beginnen, dieses Bild zu verändern. Stellen Sie sich vor, dass dieses Bild zum Leben erwacht und dass Sie es mit einem lebendigen Gegenüber zu tun haben. Falls es Ihnen gelungen ist, tatsächlich ein Bild zu malen oder zum Beispiel aus Ton zu formen, stellen Sie die Figur oder das Bild irgendwo auf. Setzen Sie sich ihm gegenüber. Beginnen

Sie ein Gespräch, genauso, als würden Sie mit einem lebenden Menschen sprechen. Hören Sie darauf, was Ihr innerer Mann Ihnen zu sagen hat, und antworten Sie ihm. Legen Sie ihm Ihren Standpunkt dar, und verwickeln Sie ihn in eine Diskussion.

Die aktive Imagination wird in der Regel mehrmals durchgeführt. Oft sind viele Gespräche notwendig. Es entsteht ein innerer Dialog zwischen Bewusstsein und Unbewusstem. Mit dieser Methode gelingt es längerfristig, das innere Bild zu wandeln. Auf die Dauer kann sich die innere Figur, die dem bewussten Ich anfänglich befremdlich erscheint und mitunter sogar zerstörerische Qualitäten entwickelt hat, zu einer hilfreichen inneren Gestalt wandeln.

Diesen inneren Dialog und die Technik der aktiven Imagination können Sie sehr gut für sich alleine durchführen. Hilfreich ist eine psychotherapeutische Begleitung dann, wenn Sie das Gefühl haben, von Ihrem Animus zu sehr in Schrecken versetzt zu werden oder zu sehr abgestoßen zu sein. Hier helfen Ihnen professionelle Anregungen dabei, die anfänglichen Barrieren zu überwinden und den Prozess der gegenseitigen Annäherung in konstruktive Bahnen zu lenken. Wenn Sie damit beginnen, Ihren Animus zu emanzipieren, werden Sie Ihre Fortschritte daran feststellen, dass sie allmählich von anderen Männerfiguren träumen.

Die Wandlung des inneren Männerbildes durch aktive Imagination

Als ich mit Hilfe der aktiven Imagination in Dialog mit meinem unangenehmen Professor trat, erklärte ich ihm, dass ich jetzt alt genug sei, um nicht mehr geprüft werden zu müssen.

Anfänglich benahm er sich noch ziemlich arrogant und eingebildet. Aber ich ließ nicht locker. Allmählich sah er dann doch ein, dass ich viel wusste und dass es sich lohnte, meine Ansichten anzuhören. Ich setzte ihn davon in Kenntnis, dass viele Studierende an der Universität gelangweilt waren, weil sie nicht wussten, wie sie die theoretischen Überlegungen in ihre Berufspraxis umsetzen sollten. Irgendwann wurde meinem inneren Professor klar, dass er aus seinem Elfenbeinturm herabsteigen und sich mehr um die Menschen kümmern musste. Parallel zu dieser Arbeit in der Analyse änderten sich meine Träume. Die Prüfungssituationen wurden erträglicher. Ich konnte besser bestehen. Irgendwann träumte ich nicht mehr von Prüfungen, sondern von Vorträgen, die ich hielt. Mein Auftreten wurde immer souveräner.

Parallel zu der Arbeit an meinem Innenleben begann ich, an der Universität meine Vorlesungen lebensnaher zu gestalten. Ich stellte Bezüge von der Theorie zu aktuellen gesellschaftlichen Problemen und zu den Alltagserfahrungen der Studierenden her. Meine Lehrveranstaltungen wurden bunter und lustiger. Früher waren sie abstrakt und blutleer gewesen. Den Stoff, den es zu vermitteln galt, präsentierte ich nicht nur über das Wort. Wir machten Rollenspiele zum Thema, hörten Musik, die dazu passte, schauten uns Bilder an und machten Übungen zur Selbsterfahrung. Den Studierenden gefiel diese Art zu lernen, und meine Veranstaltungen füllten sich zusehends. Wenn ich meinen Studierenden die Theorien erklärte, versuchte ich immer, in meiner Alltagssprache zu bleiben und den praktischen, lebensbezogenen Gehalt der Theorie zu vermitteln. Unter dieser Perspektive stellte sich übrigens manche hoch geehrte Theorie als eine große Luftblase heraus. Manchmal gelingt es Männern, hundert Seiten mit einem Gedanken zu füllen, den man auch in zwei Sätzen formulieren kann.

Die Emanzipation meines wissenschaftlichen Animus fand darin ihren Abschluss, dass ich von einem jungen Wissenschaftler mit südländischem Aussehen träumte. Es war ein gefühlvoller junger Mann, der tiefe, dunkle Augen voller Visionen und Träume hatte und sich nicht scheute, Begeisterung und Anteilnahme auszudrücken. Er nahm mich an der Hand und sagte mir, dass er mit mir zusammen forschen wolle. Ich kann mich heute noch an das wunderbare Gefühl erinnern, das ich hatte, als ich morgens mit diesem Traum erwachte.

Dadurch, dass ich mich mit der Emanzipation meines wissenschaftlichen Animus beschäftigte, wurde mir klar, dass ich damit begonnen hatte, auf weibliche Art Wissenschaft zu betreiben. Seitdem ich dies weiß, vertrete ich meine Art, zu lehren und zu schreiben, selbstbewusst. Ich fordere auch meine Studierenden auf, sich nicht von scheinbar intelligentem Wortgeklingel blenden zu lassen. Sie sollen auf Fremdwörter verzichten, wenn die Dinge auch einfach erklärt werden können. Wenn sie ein Fremdwort brauchen, um ihre Gedanken zu erläutern, sollen sie es vorher erklären, sodass niemand von denen, die ihnen zuhören, sich dumm vorkommen muss. Ich selbst fühle mich, seitdem ich meine weibliche Wissenschaft betreibe, bedeutend wohler an der Universität, und meine Lehrveranstaltungen machen mir viel mehr Spaß. An der Reaktion der Studierenden merke ich, dass die weibliche Lehre ein wichtiges Gegengewicht zur männlichen Art der Wissensvermittlung darstellt. Wohlgemerkt: Es geht mir nicht um ein Entweder-oder, sondern um ein Sowohl-als-auch. Denn das männliche und das weibliche Prinzip in ihrer Ergänzung sind es erst, die die Ganzheit bilden.

Eine Klientin von mir hatte eines Tages einen Traum von einem Mafiaboss im Stil des Paten, der im Film so hervorragend von Marlon Brando verkörpert wurde. Sie selbst war von ihrer bewussten Einstellung her frauenbewegt, hatte einen Beruf, in dem sie gut verdiente und erfolgreich war, und hatte lange Zeit große Mühe damit, sich mit der Einstellung zu befassen, die ihr innerer Mafiaboss der Frauenwelt gegenüber hatte.

Eine andere Klientin, die sexuell sehr freizügig lebte und dies von ihrer bewussten Einstellung her in vollen Zügen genoss, träumte von einem Türken. Der Türke in ihr verachtete sie als Frau für das, was sie tat. Es war in seinen Augen nicht ehrenwert. Bei beiden Frauen tat sich ein großer innerpsychischer Zwiespalt zwischen bewusster und unbewusster Einstellung auf. Die Brücke über diesen innerpsychischen Zwiespalt ist die aktive Imagination. Die beiden inneren Herren wurden von meinen Klientinnen herbeizitiert und zum Gespräch gebeten.

Dem Mafiaboss wurde erklärt, dass Frauen heutzutage nicht mehr nur dazu gut sind, Pasta zu kochen und Kinder großzuziehen, er erhielt regelrecht Nachhilfeunterricht in Sachen Emanzipation. Am Anfang gestalteten sich die Gespräche etwas mühselig, der innere Mafiaboss meiner Klientin war ziemlich stur. Nach und nach hatte er jedoch ein Einsehen mit der Situation der modernen Frau und konnte meiner Klientin gute Tipps für Geschäftsverhandlungen geben. Sie hatte bisher immer das Gefühl gehabt, zu schnell zu emotional zu reagieren. Vom Mafiaboss lernte sie das Pokerface, und er unterwies sie in der Kunst, Gefühle zurückzuhalten, was sich sehr positiv auf ihren Geschäftserfolg auswirkte. In ihrer Phantasie steht jetzt bei jeder Verhandlung ihr Mafiaboss rechts an ihrer Seite. Er hat sich vom Feind zum Partner entwickelt.

Die Klientin mit dem Türkentraum hat viel über traditionelle weibliche Werte von ihrem Türken gelernt. Er hat ihr gesagt, dass eine Frau stolz sein muss auf die Fähigkeit, sich einem Mann zu schenken, und dass sie sich wegwirft, wenn sie glaubt, sexuell so leben zu müssen wie ein Mann. In diesem Fall war es die Klientin, die ihren inneren Türken lange Zeit als Unterdrücker abwertete. Inzwischen ist sie jedoch sehr froh darum, weibliche Zurückhaltung als Wert für sich entdeckt zu haben. Sexuelle Befreiung heißt für sie nicht mehr, lediglich das zu kopieren, was patriarchale Männer tun. Sie hat von ihrem inneren Türken gelernt, wie schön es für eine Frau sein kann, sich kostbar zu fühlen und sich nur auserwählten Männern zu schenken.

Die Botschaft, die der innere Türke für meine Klientin hatte, hört sich ziemlich unemanzipiert an, finden Sie nicht? Dies ist erstaunlich, wenn man bedenkt, welches Bild der modernen Frau im Moment in den Medien gezeichnet wird. Dieses Frauenbild ist das krasse Gegenteil von dem Frauenbild des inneren Türken. Da gibt es Seitensprungtipps in den Magazinen mit Hinweisen darauf, wie man die Penisgröße eines Mannes rechtzeitig an seinem Zeigefinger erkennen kann, bevor es zur großen Enttäuschung kommt. Kürzlich las ich eine Kolumne zum Thema »Wie schaffe ich es, einen Mann nach einem One-night-stand wieder loszukriegen, falls er sich lästigerweise in mich verlieben sollte?« Jede Nacht spuken Sendungen durch die TV-Kanäle, die über sämtliche Facetten freier Sexualität berichten. Und dann kommt so ein innerer Türke daher und faselt was von »sich einem auserwählten Mann schenken«!

Diese Einwände sind richtig, liebe Leserin, darum ist es sehr wichtig, dass Sie sich noch einmal verdeutlichen: Der Prozess, durch den meine beiden Klientinnen gegangen sind, ist in keiner Weise von mir beeinflusst worden. Es sind ihre ureigenen innerpsychischen Bilder vom Animus, mit denen

141

sie sich auseinander gesetzt haben. Ob sie eine Pychoanalyse gemacht hätten oder nicht – in ihnen wären diese Männerbilder wirksam gewesen. Diese Männerbilder hätten auf unbewusster Ebene immer das, was die beiden starken und emanzipierten Frauen auf bewusster Ebene lebten, sabotiert. Sie hätten sich immer durch negative Gefühlslagen oder Selbstwertzweifel bemerkbar gemacht. In späteren Jahren wären diese inneren Zweifel vielleicht als psychosomatische Erkrankungen in Erscheinung getreten.

Ich habe Ihnen diese Beispiele deswegen so ausführlich erzählt, damit Sie sich eine gute Vorstellung davon machen können, wie Sie Ihren Animus emanzipieren können. Unser Thema ist aber hauptsächlich die Liebe der starken Frau zu den Männern, und wir wollen uns jetzt endlich der spannenden Frage zuwenden, was unser Animus mit dem Verlieben zu tun hat.

Vom Verlieben

Im Kapitel über den Schatten haben Sie den Begriff der Projektion kennen gelernt. Das Unbewusste ist aktiv und möchte am Leben teilhaben. Wenn der Mensch nicht von sich aus versucht, sein Unbewusstes kennen zu lernen, und den Kontakt mit ihm verweigert, dann macht das Unbewusste sich eben durch Projektionen bemerkbar. Wenn wir hassen, dann haben wir es mit einer Schattenprojektion zu tun. Wenn wir uns verlieben, dann ist ebenfalls ein Projektionsvorgang am Werk. Wir projizieren dann jedoch nicht den Schatten, sondern unseren Animus. Die Projektion des Animus bringt das Phänomen der Verliebtheit mit sich. Diese Projektion ist für die so genannte »rosarote Brille« verantwortlich, durch die wir unseren Partner sehen, wenn wir so richtig verknallt sind. Für unser Alltagsleben heißt dies: Letztendlich verlieben wir uns nicht in den Mann, sondern in einen Teil unserer eigenen Persönlichkeit. Wir treffen nicht den Märchenprinzen, sondern lediglich uns selbst.

Das hört sich nicht besonders romantisch an, zugegeben. Aber die Tatsache, dass man den Vorgang des Verliebens tiefenpsychologisch erklären kann, nimmt dem Geheimnis der Liebe ja nichts von seiner Faszination. Auch Analytikerinnen und Analytiker, die ihr Unbewusstes intensiv erforscht haben, verlieben sich immer wieder und sind diesem Geschehen genauso hilflos ausgeliefert wie jeder andere Mensch. Sie wissen vielleicht etwas genauer, weshalb sie sich gerade in diese Frau oder in diesen Mann verliebt haben, aber verliebt sind sie trotzdem, da nützt alles Wissen nichts.

In was für Männertypen verlieben wir uns? Welche Männer verfügen über die geheimen magischen Kräfte, die uns starke Frauen zum Schmelzen bringen und uns den Verstand rauben? Instinktiv wissen Sie es ja bereits, denn Sie haben schon Ihre Erfahrungen gemacht, liebe starke Frau. Es sind ausgerechnet die Männer, die uns später nichts als Schwierigkeiten bereiten, die unser Herz spontan zum Singen bringen. Bisher hat Ihnen dieses Phänomen vermutlich einige Verwirrung beschert. Mit Hilfe der Jungschen Psychologie können wir verstehen, wie das kommt, und können Strategien entwickeln, um befriedigender mit uns, den Männern und unserer großen Fähigkeit zu lieben umzugehen.

Erinnern wir uns, wie der Animus in der Psyche einer Frau entsteht: Die Figur des Vaters ist für die Frau ein erstes Bild des eigenen Animus. Der Archetyp des Männlichen reichert sich im Laufe ihres Aufwachsens durch alles Männliche an, mit dem sie in ihrer Kultur in Kontakt kommt. Irgendwann in ihrer Entwicklung wird dann ein geliebter Mann zum Träger ihres Animusbildes. Wir sprechen in der tiefenpsychologischen Terminologie von einer Animusprojektion. Wichtig ist für Sie, zu wissen, dass Projektionen nur dann stattfinden, wenn ein geeigneter Projektionsträger vorhanden ist. Das Unbewusste versucht, das innere Bild möglichst deckungsgleich mit dem äußeren Bild zu halten.

Wenn Sie sich also in einen bestimmten Mann und dessen Eigenschaften verlieben, fallen Sie nicht auf eine komplette Fata Morgana herein. Der Träger Ihrer Projektionen besitzt mit hoher Wahrscheinlichkeit in seiner Persönlichkeit tatsächlich die Eigenschaften, die Sie an ihm wahrnehmen und die Sie so faszinieren. Aber er besitzt, weil er ein eigenständiger Mensch ist, vermutlich auch noch andere Eigenschaften, die Sie zunächst noch nicht wahrnehmen können, weil Ihre Wahrnehmung durch das Diabild der Projektion verfälscht ist, das im Zustand Ihrer Verliebtheit über diesem Menschen liegt wie eine Gespensterhaut.

Wenn eine Frau sich in einen Mann verliebt hat und mit ihm eine Beziehung beginnt, durchläuft sie aus der Sicht der Tiefenpsychologie einen Prozess mit mehreren Stadien. In der Regel werden zunächst alle Aufgaben, die im Bewusstsein der Frau, die sich verliebt hat, noch nicht genügend entwickelt sind, auf den geliebten Mann übertragen. Das Mädchen ohne Hände hat das am Königshof zunächst auch getan. Da Frauen in unserer Kultur meistens einen patriarchalen Animus entwickelt haben, hat der Mann, in den sie sich verlieben, oft ganz bestimmte Qualitäten, die diesem inneren Patriarchen entsprechen. Er ist dann der, der denkt, der autonom lebt, der Verantwortung übernimmt und aktiv wird. Der mit dem Porsche ist halt doch interessanter als der ökologisch Engagierte mit dem Fahrrad und dem Generalabonnement für Bahn und

Bus. Der Porschefahrer demonstriert mit seinem Prachtgefährt, dass er finanziell potent ist, und steht damit in Ihrem Unbewussten als Symbol für den patriarchalen Vater, der eine Familie ernähren kann. Ist es der Unnahbare und Coole, der Sie emotional vibrieren lässt? Er repräsentiert in Ihrer Psyche das traditionelle patriarchale Bild vom Mann, der seine Gefühle abspaltet.

Der typische innere Mann von Frauen unserer Zeit hat auch oft die Eigenschaften eines Streuners. Die hat er deswegen, weil der Archetyp des Männlichen in uns Frauen seine Teilchen von einem abwesenden Vater sammeln musste. Männliches ist meistens nicht bei der Familie, so haben wir das gelernt. In unserer Psyche hat sich als Animus ein einsamer, streunender Wolf geformt. Also projizieren wir, wenn wir uns verlieben, unseren eigenen inneren Streuner auf einen Mann, der diesem Bild entspricht. Darum lieben wir den Marineoffizer mit den vielen Häfen, hängen an dem, der nie anruft, finden den, der am Morgen danach seine Unterhose einsammelt und mit einem verheißungsvollen, aber unverbindlichen »Ich ruf dich an!« aus der Wohnung verschwindet, am interessantesten von allen.

Die Rücknahme der Animusprojektion

Wir Frauen suchen uns einen Mann, der unserem eigenen inneren Männerbild entspricht. Auf den projizieren wir dann unseren Animus. Als Folge dieser »Animusprojektion« fühlen wir uns verliebt. Am Anfang einer Beziehung erscheint uns der Mann, in den wir uns verliebt haben, aus den Gründen, die wir oben betrachtet haben, rundum großartig und toll. Der Zustand der Verliebtheit hält jedoch nicht ewig an, das wissen wir alle aus der Erfahrung. Im Laufe der Zeit beginnt der Putz zu bröckeln, und uns fallen immer mehr Kritikpunkte an unserem Angebeteten auf. In der Tiefenpsychologie nennt man die Phase des bröckelnden Putzes »die Rücknahme der Animusprojektion«.

Was geschieht innerpsychisch in dieser Phase? Der Diaprojektor, mit dem wir unsere eigenen innerseelischen Bilder auf das Gegenüber projiziert haben, wird allmählich ausgeschaltet, und übrig bleibt der Mann, wie er wirklich ist. Er ist ja gar nicht so stark, er hat auch seine Schwächen. Nachts schnarcht er. Er geht nicht gerne tanzen. Er hat merkwürdige Essgewohnheiten. Er trägt komische Schuhe, die uns nicht gefallen. Er hat ein Bäuchlein, und wir stellen fest, dass er zum Haarausfall neigt. Kurz, er ist nicht der, für den wir ihn am Anfang gehalten haben. Viele Beziehungen finden in dieser Phase, wenn die Animusprojektion zurückgenommen wird, ihr – unnötigerweise vorzeitiges – Ende.

Nach der Phase der Verliebtheit erfolgt die Rücknahme der Animusprojektion, das ist völlig normal. Es ist jedoch in jedem Fall übereilt, dem Objekt der Begierde dann den Laufpass zu geben. Die Entwicklungsaufgabe besteht für die Frau vielmehr darin, die Unterscheidung zwischen ihrem inneren Bild und dem realen Mann in der Außenwelt durchzuführen. Sie muss gewissermaßen ihr Diasortiment kennen lernen. Im Idealfall kann sie dann die Eigenschaften, die der Mann für sie stellvertretend gelebt hat, selbst leben. Sie kann – um beim Beispiel des Streuners zu bleiben – entdecken, dass sie selber gerne streunt und dass sie das Alleinsein auch genießen kann. In dem Moment, in dem eine Frau ihren inneren Streuner als eigenen inneren Anteil identifiziert hat und die entsprechenden Bedürfnisse, die bisher unbewusst waren, bewusst in ihre Lebensführung einbaut, geschieht etwas Wunderbares:

Sie muss sich nicht mehr in einsame, streunende Wölfe verlieben. Sie wird sich auf einmal für andere Männer interessieren können. Für Männer zum Beispiel, die Wert auf Nähe und Beziehung legen. Die Frau, die ihren inneren Streuner selbst lebt, kann sich dann eigenmächtig darum kümmern, dass sie innerhalb einer Beziehung noch genug Luft zum Atmen bekommt. Darum kann sie es sich jetzt leisten, sich auf einen Mann einzulassen, der mehr die Nähe sucht.

Um zu einer reifen Liebesbeziehung zum männlichen Gegenüber zu gelangen und nicht im Stadium der Verliebtheit stecken zu bleiben, muss die Frau, nachdem sie die Projektion des Animus zurückgenommen hat, die männlichen Eigenschaften, die sie in die Männer projiziert hat, in sich selbst entdecken. Dieser Vorgang ist wichtig, denn wenn wir unsere eigenen inneren Eigenschaften entdeckt haben, können wir sie auch selber leben. Wir brauchen dann keinen Partner in der Außenwelt mehr, der diese Seiten stellvertretend für uns übernimmt. Wir werden dann in unseren Ansprüchen wesentlich gemäßigter und moderater und können unser Gegenüber als den Menschen annehmen, der er eigentlich ist. Gleiches gilt übrigens unter umgekehrtem Vorzeichen für den Mann, der ja, wie wir schon gelernt haben, über eine innere Frau, die Anima, verfügt. Aber das wäre ein anderes Buch, ein Buch über Männer. Darum soll an dieser Stelle ein Hinweis auf die Männerseele genügen.

Sie, liebe starke Frau, haben jetzt auf jeden Fall alles nötige Wissen gesammelt, um dem romantischen Dilemma der starken Frau bei sich selbst auf die Schliche zu kommen. Sie kennen den Schatten der starken Frau, das schwache Mädchen, und Sie haben eine Vorstellung davon, wie Sie dieses schwache Mädchen zur starken Frau entwickeln können. Sie kennen den Animus der starken Frau, den inneren Patriarchen, und Sie wissen, wie er emanzipiert werden kann. Und Sie wissen, wie die Tiefenpsychologie das Verlieben erklärt und was empfohlen wird, um aus der Verliebtheit dauerhafte Liebe entstehen zu lassen. Jetzt sind Sie reif für das letzte Kapitel dieses Buches, das die Sehnsucht der starken Frau nach dem starken Mann erklärt. Viel Spaß damit!

Die Sehnsucht der starken Frau nach dem starken Mann

Wieso fühlen starke Frauen die Sehnsucht nach dem starken Mann? Wir haben jetzt die inneren Figuren kennen gelernt, die uns dabei helfen können, das romantische Dilemma der starken Frau zu klären. Die starke Frau hat einen inneren Patriarchen als Animus und ein inneres schwaches Mädchen als Schattengestalt. Fällt Ihnen etwas auf? Der Patriarch und das schwache Mädchen passen als Paar ideal zusammen. Es ist der König, der seiner Frau silberne Hände schenkt. Die starke Frau hat in ihrer bewussten Einstellung zum Thema »Paarbeziehung« die Vorstellung von einer emanzipierten Frau und einem ebensolchen Mann. In ihrem Unbewussten dagegen ist eine ganz andere Vorstellung von Paar aktiv. Eine sehr traditionelle Vorstellung, die umso extremer ausfallen wird, je stärker die Frau in ihrer bewussten Lebensführung dem »modernen Ideal« nachstrebt. Wir kennen jetzt die innerpsychische Situation der starken Frau. Wir kennen den geheimen Steuermann und die geheime Steuerfrau. Jetzt wollen wir genauer untersuchen, welche Prozesse geschehen, wenn eine Frau mit einem inneren Patriarchen und einem inneren schwachen Mädchen sich verliebt.

Die starke Frau hat also ihren patriarchalen Animus, der im Unbewussten wohnt. Dieser geheime Steuermann im Unbewussten trägt alle Züge des Männertyps, den Alice Schwarzer bekämpft. Er ist cool, er unterdrückt seine Gefühle, er hält nichts von weiblicher Intelligenz, und Feminismus ist ihm ein Horror. Er ist der starke Macker, der Supermacho. Dieses innere Männerbild wird nun auf einen Mann projiziert, der einen geeigneten Projektionsträger darstellt. Als Folge dieses Projektionsvorgangs fühlt sich die starke Frau verliebt. Jetzt beginnt ihr Problem. Als Schattenfigur, als unbewusstes inneres Frauenbild hat sie ein schwaches Mädchen. In dem Moment, in dem die starke Frau sich in einen starken Mann verliebt, der ihrem inneren Männerbild entspricht, geschieht ein folgenreicher Prozess in ihrem Unbewussten: Das dazu passende unbewusste Frauenbild wird aktiviert, das schwache innere Mädchen tritt auf den Plan. Und in diesem Moment widerfahren der starken Frau all diese Dinge, die sie von ihrer bewussten Einstellung her so abgrundtief hasst. Sie ist rettungslos verknallt und sitzt verloren am Telefon. Der innere Patriarch und das schwache innere Mädchen sind im Unbewussten aufeinander bezogen. Sie bilden das Paar, das die Beziehungsvorstellung der starken Frau insgeheim steuert. Sie sind die geheimen Steuermänner und Steuerfrauen, von denen wir eingangs gesprochen haben. Und sie haben eine sehr große Macht, weil sie außerhalb der bewussten Kontrolle arbeiten.

Die im Bewusstsein starke Frau hat sich also in einen starken Mann verknallt – ihren patriarchalen Animus auf ihn projiziert –, und ihr Unbewusstes wird aktiv. Aktiv wird das innere schwache Mädchen, das ja, so haben wir im Kapitel über den Schatten gelernt, bei der starken Frau typischerweise extrem schwach ist. Es ist das Mädchen ohne Hände, es kann schlichtweg gar nichts tun ohne männliche Hilfe. Die starke Frau bemerkt in ihrem Bewusstsein, welch grenzenlose Hilflosigkeit die Verliebtheit in den starken Mann bei ihr auslöst. Sie steht mit Herzklopfen am Fenster und wartet darauf, dass sein Auto an der Wegbiegung sichtbar wird. Sie kann nicht mehr arbeiten, ist zerstreut bei wichtigen Geschäftsterminen und spürt die fatale Neigung in sich, alle ihre beruflichen Verpflichtungen über Bord zu werfen, um nur für ihn da zu sein. Ihre unbewusste weibliche Seite meldet sich mit Macht. Und die unbewusste weibliche Seite meldet sich zu Recht, denn diese Seite stellt ein wesentliches Element der Psyche der starken Frau dar. Und die starke Frau fühlt ebenfalls zu Recht das unstillbare Verlangen, diesem inneren Drang nachzugeben. Sie weiß instinktiv, dass es für sie einen wichtigen Schritt zur Ganzwerdung bedeutet, diesem Teil in ihr Gehör und Aufmerksamkeit zu schenken.

Diesem Teil nachzugeben, hat nur einen Haken: Er würde ihr ganzes bisheriges Leben zerstören. Er würde alles in Frage stellen, für das sie bisher von ihrer bewussten Einstellung her gekämpft hat. Wenn sie diesem Teil nachgibt, riskiert sie, alles aufzugeben, das sie sich bisher erarbeitet hat. Und darum wehrt sich die starke Frau gegen die Ansprüche, die das schwache innere Mädchen stellt.

Nun sind wir dem romantischen Dilemma der starken Frau etwas näher gekommen. Die starke Frau steckt im Zwiespalt. Beide Motive, die sie in sich spürt, sind richtige Motive. Keines kann zu Gunsten des anderen aufgegeben werden. Das innere schwache Mädchen, die bisher unentwickelte Seite des Weiblichen, verlangt nach ihrem Recht. Die starke Frau, die die Impulse ihres schwachen inneren Mädchens wahrnimmt, möchte sich hingeben, sie möchte die Empfangende sein, sie möchte weich werden und ihre Erfüllung in der Anschmiegsamkeit finden. Kein Kitschroman hat genug Worte, um die Gefühle zu beschreiben, die die starke Frau, die einem starken Mann begegnet ist, voll Entsetzen und Befremden in sich registrieren muss, wenn sie ehrlich mit sich ist. Alles, was sie bisher für sich erreicht hat, die Werte, die ihr bisheriges Leben prägten, scheinen in Gefahr.

Eine Klientin von mir, eine starke Frau auf der Suche nach einer erfüllenden Beziehung zu einem Mann, träumte in dieser Phase der Analyse folgenden Traum:

Ich sitze in einem Café. Mein Traummann kommt und begrüßt mich. Er nimmt mich in den Arm und hält mich fest.
Ich genieße es, mich anzulehnen und mich um nichts kümmern zu müssen. Da kommt eine andere Frau und fängt an, mit ihm zu flirten. Er reagiert. Die beiden beginnen eine Unterhaltung. Am Schluss geht er mit ihr weg. Ich bleibe alleine zurück und fühle mich grenzenlos verlassen und einsam.

Dieser Traum zeigt deutlich die Schwäche und die Hilflosigkeit, die durch das Erscheinen des Traummannes in meiner Klientin aktiviert wird. Von ihrer bewussten Einstellung her würde sie einen solchen Vorgang niemals tatenlos geschehen lassen. Ihr schwaches inneres Mädchen jedoch ist den Launen der Umwelt einfach ausgeliefert und hat keinerlei Handlungsmöglichkeiten in solch einer schwierigen Situation.

Starke Frauen, die sich in einen starken Mann verlieben, zeigen typischerweise vier verschiedene Reaktionen, die wir im Einzelnen ausführlich besprechen wollen:

- die Opfervariante
- die Fluchtvariante
- die Kampfvariante
- eine Mischform aus Opfer, Flucht und Kampf.

Die Opfervariante

Ich habe lange nach einem guten Beispiel gesucht, um die Opfervariante in diesem Buch anschaulich zu erläutern. Das war nicht einfach, weil sich die Opfervarianten der starken Frauen immer dermaßen kitschig anhören, dass man sie kaum glauben mag. Zum großen Glück habe ich vor kurzem den Film »Indochine« mit Catherine Deneuve gesehen. Catherine Deneuve spielt in diesem Film die Besitzerin einer Kautschukplantage, die eine Liebesaffäre mit einem Offizier beginnt. Ich weiß nicht genau, welchen militärischen Rang der Lover von Catherine hat, ich kann nur sagen, dass Männer in Uniform sich ganz hervorragend eignen, um die Sehnsucht der starken Frau nach dem starken Mann hervorzurufen.

Der Lover von Catherine heißt im Film Jean-Baptiste. Er lernt sie als selbstbewusste Plantagenbesitzerin kennen, die sich ihm gegenüber zunächst außerordentlich arrogant verhält.

Weil er aber ein starker Mann ist, wie er im Buche steht, lässt er sich durch Catherines arrogantes Gehabe nicht abschrecken, wie es dem netten Jungen von nebenan passieren würde. Im Gegenteil, ihre Stärke reizt ihn und weckt seinen Jagdinstinkt. Irgendwann hat er sie so weit, an einem schwül-heißen Nachmittag im halbdunklen Zimmer eines Pavillons. Er rückt ihr zu Leibe und übergeht ihre abwehrenden Gesten. Der nette Junge von nebenan, der Frauen achtet, hätte auf die Abwehrmaßnahmen von Catherine sicher verständnisvoll reagiert und seine Absichten fürs Erste zurückgestellt. Aber ein patriarchaler Mann hat die Vorstellung, dass eine Frau

»ja« meint, wenn sie »nein« sagt, und bezieht aus dieser Vorstellung sein unverdrossenes Durchhaltevermögen. Und weil der Animus der starken Frau ein patriarchaler ist, hat dieser Männertyp mit seinem Verhalten auch Erfolg. Unserer Catherine ist die ganze Sache allerdings nicht ganz geheuer, sie merkt instinktiv, dass gefährliche Dinge geschehen könnten, die sie nicht mehr unter Kontrolle hat. Während er sie bestürmt, sagt sie zu ihm:

»Jean-Baptiste, noch ist es Zeit, dass unsere Geschichte gar nicht erst beginnt.«

Als Antwort nimmt Jean-Baptiste sie mit einer entschlossenen Geste in die Arme und küsst sie heftig auf den Mund. Catherine Deneuve schmilzt dahin. Während der Kussszene hört man Catherines Stimme aus dem Off:

»Ich hätte fliehen sollen, aber nichts existierte mehr außer ihm.«

Die Chance für die Fluchtvariante hat Catherine verpasst. Darum fällt sie in die Opfervariante hinein wie in eine Fallgrube. Catherine und ihr starker Mann beginnen eine Affäre. Was passiert natürlich nach kürzester Zeit? Der Lover meldet sich nicht und bleibt einfach weg. Klar, das gehört zum Verhaltensrepertoire dieses Männertyps. Catherine sucht ihn. Sie findet ihn in einem Spielcasino.

Die Szene spielt in den frühen Morgenstunden. Das Licht im Casino verbreitet ein kühl-morbides Fluidum. Kristallüster, purpurrote Samtvorhänge und dunkles Mahagoni. Catherine sucht Jean-Baptiste. Sie findet ihn. Er sitzt am Roulettetisch, inmitten anderer Uniform-Männer und wunderschöner Frauen mit tiefroten Lippen, sündigen Abendkleidern und großzügigen Dekolletés. Sie geht auf ihn zu. Er ist leicht genervt, von ihr gestört zu werden, und fragt, nicht besonders angetan von ihrem Erscheinen:

»Was tust du hier?«

»Ich habe dich gesucht. Ich war gestern Abend überall, und heute Nacht… Sprich mit mir, Jean-Baptiste, sprich mit mir!«

Sie versucht, sich an ihn zu schmiegen. Jean-Baptiste jedoch hält sie mit seinen starken Armen auf Abstand und erklärt ihr:

»Es gibt immer Stunden, die nur mir gehören. Tage, die nur meine sind. Wochen nur für mich. Nur für mich allein, verstehst du das? Und für dich gilt das auch. Wir sind zwei Menschen!«

Eigentlich hat Jean-Baptiste ja völlig Recht, seine Ausführungen entsprechen vollumfänglich den Erkenntnissen der Jungschen Psychologie über geglückte Paarbeziehungen. Allerdings hat Jean-Baptiste eine Kleinigkeit übersehen: Er hätte seine Geliebte ja davon unterrichten können, dass er vorhat, eine Nacht im Spielcasino mit seinen Kumpels zu verbringen. Aber dann wäre er ja nicht mehr der starke Mann gewesen, den Catherine bis zum Wahnsinn liebt. Eine verzwickte Angelegenheit. Bei Catherine jedenfalls wird durch Jean-Baptistes Streunertum das schwache innere Mädchen zur Höchstform aktiviert.

»Ich brauche dich so!«, haucht sie. »Du gehörst zu meinem Leben! Ich brauche deine Stimme, deine Zärtlichkeit, deine Berührung! Beschütze mich, du musst mich beschützen!«

Mit diesen Worten schmiegt sie sich an ihn und birgt ihren Kopf an seiner starken Brust.

Man stelle sich vor, die selbstständige Plantagenbesitzerin, die seit Jahren erfolgreich mehrere Hundertschaften Männer befehligt, will beschützt werden! Vor was denn, um Himmels willen, sie hat doch ihr ganzes Leben bisher prächtig gemeistert! Wir starken Frauen verstehen natürlich völlig, was in Catherine vorgeht, für Außenstehende ist die innere Logik, die bei ihr zu dem Bedürfnis nach Beschütztwerden führt, allerdings nicht ohne weiteres nachvollziehbar. Natürlich auch nicht für unseren Jean-Baptiste. Er stößt die angeschmiegte Catherine mit seinen starken Armen von sich und ruft:

»Hör auf! Diese flehende Frau bist doch nicht du! Die ganze Welt will ich und nicht nur ein winziges Stückchen Erde wie ein Graben! Ich will die Welt entdecken!«

Liebe Leserin, ich weiß nicht, ob Sie ermessen können, wie laut ich gejubelt habe, als ich diese Liebesszene aus dem Film »Indochine« gesehen habe. Ein Lehrbuchbeispiel für das Schicksal der starken Frau und ihrer Sehnsucht nach dem starken Mann! Natürlich hat Jean-Baptiste völlig Recht, wenn er entsetzt konstatiert: »Diese flehende Frau bist doch nicht du!« Diese flehende Frau ist nicht Catherine, diese flehende Frau ist das innere schwache Mädchen von Catherine, die geheime Steuerfrau, die das Ruder übernommen hat. Und ohne dass Catherine das ausgesprochen hat, wittert Jean-Baptiste instinktiv, was das schwache Mädchen von ihm möchte. Es möchte ihn an Catherines winziges Stückchen Erde fesseln, an ihre Plantage nämlich, und möchte da mit ihm so etwas aufbauen, wie es unser Mädchen ohne Hände mit seinem König am Königshof in der ersten Phase seiner Entwicklung getan hat. Catherine möchte ihre eigene Tatkraft wegwerfen und sich stattdessen von ihrem Jean-Baptiste silberne Hände geben lassen. Jean-Baptiste hat völlig Recht, wenn er eine Falle wittert, das könnte niemals gut gehen. Außerdem ist ja sein Streunertum, seine Sehnsucht nach der weiten Welt, ein entscheidender Persönlichkeitsanteil von ihm, ohne den Catherine sich gar nicht erst in ihn verliebt hätte.

Wie reagiert Catherine auf Jean-Baptistes Zurückweisung? Sie zuckt zurück, schaut ihm fest in die Augen und stellt in Sekundenschnelle das Antlitz der starken Frau wieder her. Eine wahrhaft hervorragende schauspielerische Leistung! Sie dreht sich um und geht. Die Beziehung zu Jean-Baptiste ist beendet. Sie schläft zwar noch einmal mit ihm, aber sie hasst sich dafür, dass sie ihn so sehr begehrt, und lernt, so schnell wie möglich, sich zu beherrschen. Im Film verliebt sich Catherine nie wieder in einen Mann. Es wird angedeutet, dass sie noch ein paar Bettgeschichten hat, aber sie bleibt auf ihrer Plantage allein.

Was ist die Lernerfahrung, die Catherine gemacht hat? Sie denkt sich seit dieser Episode mit Jean-Baptiste, dass Verlieben nur wehtut. Sie denkt sich, dass kein Mann ihre schwachen Seiten sehen will. Sie beschließt, sich keinem Mann mehr zu öffnen. Und sie wird noch mehr die einseitig starke Frau spielen, als sie es bisher jemals getan hat. Haben Sie, liebe Leserin, etwas Ähnliches auch schon einmal erlebt?

Wie sieht die Opfervariante der starken Frau in unserer alltäglichen Realität aus? Der starke Mann kommt und zieht die Animusprojektion auf sich. Das schwache innere Mädchen wird aktiviert, und der Schatten übernimmt die Regie über die Handlungen der starken Frau. In diesem Fall steht sie – und vermutlich auch der Mann, der sie als starke Frau kennen gelernt hat – vor einem Rätsel. Ihr Freundeskreis ist ihr auf einmal nicht mehr wichtig. Sie mag nicht mehr zum Tanzen gehen. Ihre Hobbys erscheinen ihr auf einmal sinnlos und schal. Sie möchte nur noch eines: mit ihm zusammen sein. Sie beginnt sich an den starken Mann zu klammern. Sie sitzt zu Hause und wartet nur auf ihn. Sie macht ihm Vorwürfe, dass er sich nicht genügend um sie kümmert. Der starke Mann, der sich ja in eine unabhängig scheinende Frau verliebt hat, reagiert mit Irritation. Je mehr sie klammert, desto mehr versucht er, sich zu entziehen, was wiederum ihr anklammerndes Verhalten verstärkt. Ein Teufelskreis beginnt, und irgendwann wird die Frau den Eindruck haben, dass sie, wenn sie ihren Gefühlen freien Lauf lässt, immer nur verletzt wird. »Alle Männer sind Schweine« ist ein Spruch, der auf Grund solcher oder ähnlicher Erfahrungen entstanden ist.

Männer sind jedoch in Wirklichkeit keine Schweine, die meisten wenigstens nicht. Die starke Frau hat es hier mit einem hausgemachten Problem zu tun. Ihr bewusstes Ich wurde von ihrem Schatten überwältigt, ihre geheime Steuerfrau hat die Regie übernommen, und die starke Frau verhält sich schlichtweg unvernünftig. Was kann sie tun?

Wir müssen uns an dieser Stelle daran erinnern, dass das innere schwache Mädchen nicht von Grund auf schlechte Eigenschaften besitzt. Das innere schwache Mädchen, in seiner unzivilisierten Form von uns die Tussi genannt, ist lediglich die Seite der Weiblichkeit, die auf Grund der Geringschätzung durch das Patriarchat ins Unbewusste der starken Frau verbannt wurde und dort negative Züge angenommen hat. Das muss nicht so bleiben. Im Märchen vom Mädchen ohne Hände haben wir gesehen, wie der Schatten der starken Frau entwickelt werden kann. Starke Frauen, die sich in einen starken Mann verlieben, müssen darauf gefasst sein, dass durch eine solche Liebe in ihnen ihr schwaches Mädchen aktiviert wird. Und wenn dies geschieht, dürfen sie nicht den Fehler begehen, den das Mädchen ohne Hände zunächst begangen hat, sie dürfen nicht darauf warten, dass der starke Mann ihnen silberne Hände gibt.

Wenn sie sich einsam fühlen, müssen sie dieser Einsamkeit ins Gesicht schauen und dürfen nicht vor ihr davonlaufen. Das wird nicht einfach werden. Erinnern Sie sich: Der Sohn, den das Mädchen ohne Hände geboren hat, heißt »Schmerzenreich«. Die starke Frau, die beginnt, sich mit ihrem Schatten auseinander zu setzen, wird viel weinen müssen. Aber sie muss die Zeit der Einsamkeit alleine bewältigen, wenn sie ihr inneres schwaches Mädchen stärken möchte. Sie sollte keine Ablenkung suchen, sie sollte bewusst erleben, was es heißt, alleine zu sein. Nur dann hat sie die Chance, die Erfahrung zu machen, dass sie auch alleine überlebensfähig ist. Und nur dann hat sie die Chance, eine echte Partnerin für den starken Mann zu werden. Sie wird dann eine Frau sein, die zur Hingabe fähig ist, die weich und anschmiegsam sein kann und die trotzdem autonom ist. Sie wird zur Frau, die »Weichsein« nicht mit »Schwachsein« verwechselt.

Dieser Prozess braucht übrigens viel Zeit. Das Mädchen ohne Hände war sieben Jahre in seiner Waldeinsamkeit. Rechnen Sie nicht damit, dass die Entwicklung Ihres Schattens über Nacht passiert. Stellen Sie sich auf eine recht schwierige Phase Ihres Lebens ein. Aber, ich kann Ihnen versichern, es ist der Mühe wert, mit Schmerzenreich schwanger zu gehen. Als Lohn bekommen Sie eine vollständige weibliche Identität. Sie gewinnen Ihre weibliche Hälfte zurück, um die das Patriarchat Sie beraubt hat.

Catherine Deneuve ist im Film hilflos in die Falle der Opfervariante geraten und hat dadurch große seelische Verletzungen erlitten. Im Film ist es ihr nur einmal passiert, und dann nie wieder, weil starke Frauen ja intelligente Frauen sind und schnell lernen. Nur leider hat sie das Falsche gelernt. Sie hat sich nicht mit Jungscher Psychologie beschäftigt, sondern sie hat beschlossen, nie wieder zum Opfer zu werden. Wahrscheinlich hat sie beim nächsten Mann eine der Varianten gewählt, die wir im Folgenden besprechen werden. Am wahrscheinlichsten ist, dass sie den Rest ihres Lebens ihre Liebesfähigkeit mit der Fluchtvariante gemanagt hat. Schauen wir uns diese Möglichkeit im Handlungsrepertoire der starken Frau deshalb näher an.

Die Fluchtvariante

Im zweiten Fall, den wir besprechen wollen, nimmt die starke Frau, nachdem sie ihren Animus auf einen geeigneten Projektionsträger projiziert hat, ebenfalls die Aktivierung des Schattens wahr. Weil sie, wie Catherine Deneuve im Film, den ganzen Schlamassel schon einmal (oder mehrfach) erlebt hat, erkennt sie diesmal jedoch die Symptome rechtzeitig. Sie spürt die Suche nach der starken Schulter, die die Liebe zu dem starken Mann in ihr auslöst. Auf einmal möchte sie nicht länger alleine wohnen. Sie stellt fest, dass sie schwangere Frauen beobachtet und vor dem Schaufenster bei der Ecke mit den Kinderschuhen stehen bleibt. Die Sehnsucht des schwachen Mädchens nach dem Königshof taucht auf. Und damit einher geht bei dem unentwickelten schwachen Mädchen der Verlust seiner Freiheit, Sie erinnern sich! Für unsere Heldin im Märchen war in dieser Phase der Individuation Geborgenheit und Nestwärme an Freiheitsverlust gekoppelt, und sie litt unter einer quälenden innerpsychischen Ambivalenz. Was passiert mit der starken Frau in der heutigen Zeit? Sie gerät in Panik.

Die starke Frau, die in Panik gerät, tut das Klügste, das ihr in den Sinn kommt: Sie macht sich aus dem Staub. Zu groß ist das Risiko, alles, was sie sich hart erarbeitet hat, wegen eines Mannes zu verlieren. Das florierende Geschäft, das sie sich aufgebaut hat, die tolle Position in der Firma, für die sie so viele männliche Konkurrenten aus dem Feld geschlagen hat, der Universitätsabschluss, für den sie etliche Jahre aufs Ausgehen verzichtet hat, alles soll auf einmal vergebens gewesen sein? Nur dazu gut, dass sie am Ende doch ihrer weiblichen Bestimmung zugeführt wird und Babypopos putzt? Mit anderen Müttern am Sandkasten sitzt und sich über die Vorteile von Dinkelbrei unterhält? Das darf niemals sein. Also, nix wie weg!

Die Fluchtvariante bewahrt die starke Frau zwar vor den Leiden des Opfers und auch vor dem unerfüllten Dasein, das unser Mädchen ohne Hände am Königshof geführt hat. Aber die Fluchtvariante hilft der starken Frau natürlich nicht bei ihrer Persönlichkeitsentwicklung. Und sie hilft ihr auch nicht bei ihrer Sehnsucht nach einer Beziehung zu einem Mann, die sie nach wie vor in ihrem Herzen trägt. Die Fluchtvariante bereitet besonders einem Teilnehmer des Spiels große Schmerzen: Das ist der Mann, der verlassen wird. Männer, die von starken Frauen durch die Fluchtvariante verlassen werden, sind übrigens typischerweise nicht die knallharten Machos, die die Opfervariante erzeugen. Die Männer, denen die Fluchtvariante widerfährt, sind oft wunderbare Männer. Sie sind stark und aufrichtig, sie sind keine Softies, aber auch keine Machos. Sie haben eine prachtvolle, gesunde männliche Identität, sie sind im Prinzip die Könige, die Richtigen für unsere starken Frauen, deren schwaches Mädchen aktiviert wurde. Das Pech dieser Männer besteht genau darin, dass sie der König sind. Und dass sie der Richtige wären, um ein Nest zu bauen und eine Familie zu gründen. Das erzeugt bei der starken Frau, die sich noch nicht mit ihrem Schatten beschäftigt hat, jedoch keine Freude, sondern Panik. Wir Psychoanalytikerinnen verstehen das. Die verlassenen Männer jedoch verstehen die Welt nicht mehr.

Vier Beispiele aus meinem Bekanntenkreis, allesamt innerhalb der letzten zwölf Wochen geschehen. Ein Freund, Andreas, einundsechzig Jahre, schickt mir eine E-Mail:

»Ich bin total verliebt! Habe eine wunderbare Frau kennen gelernt! Ich schicke dir als attachment ein Foto von ihr. Wir denken ans Heiraten, stell dir vor!
:-)))
Muchos besos, Andreas«

Andreas mailt fast täglich, ist überglücklich und schickt massenhaft Fotos, die meine Festplatte überfüllen und immer lange brauchen, bis sie geladen sind. Dann auf einmal kommt keine Post mehr. Nach einiger Zeit frage ich nach:

»Hi Andreas,
was ist mit deiner großen Liebe?
    Besos y abrazos, Maja«

Die Antwort kommt umgehend:

»Maja, ich will mich noch gar nicht äußern. Sie hat mich Knall auf Fall verlassen. Sagt, sie kann es nicht erklären. Keine Angabe von Gründen. Muss mich wieder fassen.
:-(((
Andreas«

Andreas ist ein großartiger Mann, und er hat es nicht verdient, Opfer der Fluchtvariante zu werden. Er hat sein Herz weit geöffnet und wird es jetzt sehr fest verschließen. Andreas ist zunächst einmal für die Frauenwelt verloren. Und das ist wirklich ein Verlust für die Frauenwelt, glauben Sie mir.

Der nächste Mann, von dem ich Ihnen erzählen möchte, steht fürs Erste der Frauenwelt mit Sicherheit auch nicht mehr zur Verfügung.

Dieser Mann, vierunddreißig Jahre, hatte sich verliebt. In eine starke Frau. Die Liebe zwischen den beiden war stark und schien gute Aussichten auf Dauer zu haben. Dieser Mann suchte nach einer festen Partnerin, er wollte gerne Kinder haben und eine Familie gründen. Seine Geliebte war dreiunddreißig Jahre alt, ein gutes Alter für dieses Vorhaben. Die beiden hatten ihre Flitterwochen und sprachen irgendwann darüber, zusammen eine Wohnung zu nehmen. Der Mann suchte ein entsprechendes Objekt, kündigte seine Junggesellenbude und unterschrieb mit der Dame seines Herzens zusammen den Mietvertrag. Umzug. Nach einer Woche Zusammenleben zog die starke Frau wieder aus. Sie schrieb ihm einen Brief, in dem stand: »Es hat nichts mit dir zu tun, ich liebe dich noch immer. Es ist mein Problem, verzeih mir.« Das war alles. Der Mann war traurig und verletzt. Seine Junggesellenbude war er los, dafür saß er jetzt in einer Wohnung, die für ihn alleine viel zu groß war, und hatte den teuren Mietvertrag am Hals, den er unterschrieben hatte, weil er davon ausgegangen war, dass seine gut verdienende bessere Hälfte auch die Hälfte der Miete zahlen würde.

Er musste sich sofort nach einer neuen Wohnung umschauen, was er auch tat. Vier Wochen später stand die starke Frau wieder vor seiner Tür. Alles sei ein Irrtum gewesen, sie wolle jetzt doch mit ihm zusammenleben, sie habe sich entschieden. In Ordnung. Der Mann war sehr froh, vergaß allen Ärger, den er gehabt hatte, auf der Stelle, blies die Wohnungssuche ab und nahm seine Geliebte mit offenen Armen wieder auf. Das Glück dauerte zwei Wochen, dann war die Frau wieder weg. Diesmal für immer. Anrufe blieben unbeantwortet, klärende Gespräche fanden nicht statt.

Als dieser Mann mich darum bat, ihm zu erklären, was er falsch gemacht habe, konnte ich ihm keine einfache Antwort geben. Ich habe versucht, ihm die Psyche der starken Frau zu erläutern. Aber er konnte mit diesen Erläuterungen nicht viel anfangen, denn er wollte nur eines wissen: »Was habe ich falsch gemacht, und was soll ich das nächste Mal anders machen?« Ich selbst merkte, dass ich ihm auf diese Frage eigentlich keine Antworten geben konnte. Das Problem der starken Frau liegt in ihr selbst, und seine ehemalige Auserwählte hatte völlig Recht, wenn sie schrieb: »Es liegt nicht an dir.«

Vor zwei Tagen telefonierte ich mit Walter, sechsundvierzig Jahre, einem alten Freund aus Gymnasiumszeiten.

»Und, was macht die Liebe?«, fragte ich ihn.

»Also, ich weiß nicht, bei mir läuft schon lang nichts mehr mit Frauen«, meinte Walter. »Ich verstehe die Frauen nicht mehr. Ich habe mich zurückgezogen. Ich bin jetzt ein Neutrum, damit lebe ich ganz gut. Das andere ist mir alles zu kompliziert.«

»Was ist denn so schwierig an den Frauen?«, fragte ich ihn.

»Niemand kommt dahinter, was sie eigentlich wollen«, antwortete Walter. »Jetzt gerade hat die Geli den Jürgen rausgeschmissen. Seit drei Jahren drängt sie ihn, dass er ihr ein Kind machen soll. Jetzt hat er es endlich gemacht, und da wirft sie ihn raus. Sie ist in der achten Woche schwanger. Jürgen sitzt jeden Abend in der Kneipe und säuft sich den Kragen ab. Er versteht die Welt nicht mehr.«

Ein anderer Freund, ein Kollege von achtundzwanzig Jahren, gibt folgendes Statement ab:

»Die jungen Frauen sind alle völlig verstrahlt, verzeih den Ausdruck. Ich bin von meiner Mutter erzogen worden, auf die Frauen einzugehen und Verständnis für sie zu haben. Ich benehme mich so, und was bin ich? Der gute Kumpel. Bei mir sitzen sie auf dem Sofa und heulen sich aus und trinken meinen Rotwein weg. Ins Bett gehen sie mit den Idioten, die sich benehmen wie die Axt im Walde. Ich höre den Frauen jetzt nicht mehr bei ihrem Geheule zu, ich bin doch nicht Mutter Teresa!«

Ja, liebe starke Frau, das ist die Resonanz der Männerwelt auf die Fluchtvariante. Und bedenken Sie: Auch die Männer haben ein Herz, und auch die Männer empfinden Liebeskummer. Und die Männer haben genauso wenig Lust wie die Frauen, sich verletzen zu lassen. Ich habe bei meiner Aufzählung absichtlich das Alter der Männer, von denen ich erzählt habe, angegeben, damit Ihnen deutlich wird, dass sich diese

Problematik der starken Frau offenbar durch alle Altersstufen hindurchzieht.

Wenn Sie, liebe starke Frau, mit der Kraft Ihres faszinierenden Äußeren, mit Ihrer Gefühlsstärke, Ihrer Intelligenz und Ihren bemerkenswert kreativen Kompetenzen im Bett einen Mann so weit gebracht haben, dass er Ihnen sein Herz öffnet, dann sollten Sie daran denken, dass Sie auch eine Verantwortung für dieses Männerherz übernommen haben in dem Moment, in dem Sie es geöffnet haben. Wenn in Ihnen die Panik auftaucht, versteht das niemand besser als ich. Aber, bitte schön, geben Sie auch Ihrem König die Chance, Sie zu verstehen. Geben Sie ihm die Chance, Sie zu suchen und Sie zu finden. Und arbeiten Sie an Ihrem inneren schwachen Mädchen. Damit Sie und Ihr König die Liebe genießen können, die Sie beide verdienen.

Die Kampfvariante

Die starke Frau, die sich für die Kampfvariante entscheidet, hat in den meisten Fällen ebenfalls schon Bekanntschaft mit der Opfervariante und den dazugehörigen mühsamen Begleiterscheinungen gemacht. Auch sie kennt die Symptome, die darauf hinweisen, dass das schwache Mädchen konstelliert wird. Und auch sie sucht nach einem Weg, um nicht wieder zum Opfer ihrer Liebesfähigkeit zu werden. Sie reagiert jedoch nicht mit Panik. Sie wählt eine andere Strategie. Sie versucht, den Schatten in den Griff zu kriegen. Sie lässt es nicht mehr zu, dass der Schatten die Kontrolle über sie bekommt, denn sie weiß, dass sie sonst zu viel zu leiden hat. Sie kämpft gegen ihre Sehnsucht an. Es ist natürlich grundsätzlich immer schade, die Sehnsucht nach Liebe, sobald sie auftaucht, einfach zu bekämpfen, denn vielleicht ist es ja diesmal tatsächlich ihr König, der das Gefühlschaos in der starken Frau ausgelöst hat. Dies ist jedoch nicht der einzige Nachteil, den die Kampfvariante mit sich bringt.

In ihrem Bemühen, Kontrolle über den Schatten zu erlangen, unterläuft der starken Frau, die die Kampfvariante wählt, ein großer Fehler. Dieser Fehler verläuft unbewusst, der starken Frau ist nicht klar, was sie tut. Sie projiziert. Erinnern Sie sich an die Krise, die unser Mädchen ohne Hände am Königshof erlebte: Der Teufel vertauschte die Botschaften zwischen ihm und seinem Mann. Eine Kommunikationsstörung verzerrte die Beziehung. Diese Kommunikationsstörung beruhte auf einem Projektionsvorgang, der dem Mädchen ohne Hände unbewusst unterlief. Unsere Heldin hatte auf Grund ihres unvollständig entwickelten Bildes vom archetypisch Weiblichen all ihre freiheitsliebenden Seiten in sich selbst unterdrückt. Dies war ihr jedoch nicht bewusst. Stattdessen projizierte sie diese Absicht auf ihren Mann. In der Symbolik des Märchens ausgedrückt, kulminierte dieser Projektionsvorgang in dem Befehl des Königs, seine Frau zu töten. So drastisch fallen die Projektionsvorgänge in der Realität natürlich in der Regel nicht aus.

Die starke Frau bemerkt, dass das Thema »Bindung an einen Mann« auftaucht, das bei ihr innerpsychisch und unbewusst an das Thema »Freiheitsverlust« gekoppelt ist. Sie kämpft dagegen an, ihre Freiheit zu verlieren. Sie kämpft jedoch nicht gegen die entsprechenden innerpsychischen Anteile in sich selbst, sondern gegen den vermeintlich Schuldigen: Sie kämpft gegen den starken Mann, der sie, so meint sie, unterdrücken will. Sie bemerkt nicht, dass die Bereitschaft, sich zu unterwerfen, ein Teil ihrer eigenen Psyche ist. Sie projiziert diese Bereitschaft auf den starken Mann und unterstellt ihm die Absicht, sie zur Sklavin zu machen. Und weil sie eine starke Frau ist und auf keinen Fall zur Sklavin werden will, beginnt sie den Kampf der Tigerin. Mit allen ihr zur Verfügung stehenden Mitteln versucht sie, den starken Mann seiner Stärke zu berauben.

Michael, der Analytikerkollege von mir, über den wir schon einmal am Anfang dieses Buches gesprochen haben und der schon viele Kämpfe mit Tigerinnen gekämpft hat, weil er Tigerinnen liebt, hat mir beschrieben, wie es auf einen Mann wirkt, wenn die Frau ihren eigenen Schatten, das unterwerfungsbereite innere Mädchen, nach außen projiziert. »Die Frauen sind dann knallhart. Ich bin das Männerschwein und werde gnadenlos zur Sau gemacht. Ich habe das Gefühl, absolut keine Chance zu haben. Es ist ein Krieg. Ich werde in meiner Vielfalt nicht mehr wahrgenommen. Ich komme mir vor wie ein Übeltäter, der ausgerottet werden muss. Und die Frauen sind so was von kalt und grausam, wenn sie in dieser Phase sind, dass es wirklich erschreckend ist.« Wir sehen das Bild von Madonna als Domina vor unserem inneren Auge. Macht sie fertig, die Schweine! Unterwerft sie, kastriert sie, zeigt ihnen, wer stärker ist! Es wird gekämpft, und es gibt kein Pardon. Denken Sie daran, liebe Leserin: Starke Frauen haben vom Patriarchat gelernt, mit den Waffen der Männer zu kämpfen. Wehe dem Mann, der ihnen gefährlich wird!

Der Mann, der es mit einer starken Frau zu tun hat, die diese Variante wählt, hat nur zwei Möglichkeiten, die beide einer Beziehung nicht sehr förderlich sind. Er kann entweder weglaufen, oder er kann sich unterwerfen. Wenn er wegläuft, ist die Beziehung zur starken Frau sowieso zu Ende, weil der Mann ja nicht mehr da ist. Wenn er sich unterwirft, wird es nicht lange dauern, bis er der starken Frau auf die Nerven geht. Denn sie hat ja einen patriarchalen Animus. Den hat sie auf ihn projiziert, darum hat sie sich in ihn verliebt, und jetzt hat sie es mit einem Schwächling zu tun und hat keinen starken Mann mehr. Der Wolf wurde domestiziert und ist kein Wolf mehr, sondern ein Schoßhündchen. Darum kann sie ihn nicht mehr lieben. Sie kann ihn so lange nicht lieben, wie sie nicht an ihrem schwachen inneren Mädchen und an ihrem Animus gearbeitet hat.

Erinnern Sie sich, wie die Entwicklung des Mädchens ohne Hände nach der Krise am Königshof weiterverlief? Unsere Heldin hat sich zurückgezogen in die Waldeinsamkeit. Sie hat aufgehört, mit ihrem Partner im Clinch zu liegen, und hat sich mit sich selbst beschäftigt. Sie hat aufgehört, in der Außenwelt zu kämpfen. Sie hat stattdessen ihr Innenleben durchforscht und ist dadurch heil geworden. Erinnern Sie sich auch, wie sich das innere Männerbild des Mädchens ohne Hände in dieser Zeit verändert hat? Der König hat an Gewicht verloren. Als er sie wieder trifft, ist er ein dünner Geselle geworden, ganz ohne allen königlichen Glanz. In der Realität wäre das der starke Mann, der seine Schwächen eingesteht und der dadurch der starken Frau auf einmal als Schwächling erscheint. Als Schwächling erscheint er ihr deswegen, weil sie einen patriarchalen Animus hat, den sie zum Verlieben benötigt, und weil ein Mann, der auf das traditionelle Machogetue verzichtet, gemessen am patriarchalen Männerbild als Niete erscheint.

Unsere Heldin im Märchen kann mittlerweile, weil sie genügend an sich gearbeitet hat, ihre Animusprojektionen zurücknehmen, ausgedrückt im Symbol des Tüchleins, das vom Gesicht des Königs genommen wird. Sie kann ihn sehen, so, wie er ist, als einen Menschen mit Stärken und Schwächen, und sie kann ihn trotzdem immer noch lieben. Mehr noch: Erst jetzt kann sie ihn richtig lieben, denn erst jetzt erkennt sie ihn als Menschen und sieht ihn nicht mehr verzerrt durch die Gespensterhaut ihrer Projektion. Sie sieht den König in seinem schwächsten Moment, ausgemergelt und dünn, und lässt es zu, dass er ihr Herz berührt. Sie verachtet ihn nicht, weil er nicht mehr der stolze König ist.

Die starken Frauen, die sich entschlossen haben, den Kampf der Tigerin zu kämpfen, und deren Kampfpartner verwundet am Boden liegt, müssen lernen, dass ein starker Mann nicht dem Männerbild entspricht, das das Patriarchat ihnen vorgegaukelt hat. Ein wirklich starker Mann ist der, der sich von einer Frau helfen lassen kann. Es ist ein Mann, der in der Sprache der Jungschen Psychologie seine Anima, seine eigene weibliche Seite, kennt und ihr auch Ausdruck verleiht. Es ist ein Mann, der ebenfalls passiv sein kann. Dieser Mann ist gefühlvoll und zeigt seine Gefühle auch. Wenn er schwach ist, scheut er sich nicht, seine Schwäche nach außen sichtbar zu machen.

Diese Veränderung des Männerbildes muss jedoch zunächst in der Frau selbst stattfinden, bevor sie damit in der Außenwelt etwas anfangen kann. Indem die starke Frau, die lieber den Kampf der Tigerin kämpft, als sich zu unterwerfen, ihr eigenes inneres Männerbild verändert, verändert sich auch das Bild des Mannes, dem sie ihre Liebe schenken kann. Auch dies ist ein lang dauernder Prozess der Auseinandersetzung mit dem eigenen Unbewussten. Es gilt, mit den inneren Machos in Dialog zu treten und sie zu emanzipieren. Die inneren Machos sind entwicklungsfähig, glauben Sie mir. Und Sie tun sich selbst und den Männern, die Sie lieben, einen großen Gefallen, wenn Sie diese Entwicklungsarbeit an sich selbst beginnen, möglichst heute schon. Viele Verletzungen können so vermieden werden, viele böse Worte bleiben ungesagt. Am Ende Ihres Weges wartet ein Mann auf Sie, mit dem Sie aus dem alten Spiel aussteigen können, um mit ihm eine echte Beziehung zwischen zwei Menschen zu beginnen.

Fassen wir noch einmal zusammen, auf was Sie, liebe starke Frau, achten sollten, wenn Sie bemerken, dass Sie Lust darauf haben, den Kampf der Tigerin zu kämpfen. Erstens: Hören Sie auf der Stelle mit kämpfen auf, erinnern Sie sich daran, dass der Teufel die Botschaften vertauscht zwischen Ihnen und Ihrem Liebsten. Befassen Sie sich stattdessen mit Ihrem Innenleben und Ihrer eigenen Bereitschaft, zur Sklavin zu werden. Und emanzipieren Sie Ihr schwaches inneres Mädchen. Zweitens: Falls Ihr Geliebter noch nicht vor Ihnen weggelaufen ist, sondern bei Ihnen bleibt, und Sie schon begonnen haben, den Kampf zu gewinnen, dann werfen Sie, bitte schön, Ihren Partner nicht genau in dem Moment raus, in dem er beginnt, Ihnen seine schwachen und hilflosen Seiten zu zeigen. Auch ein hilfloser Mann ist ein Mann. Dies natürlich nicht im Sinne des Patriarchats, das einen einseitig starken Männlichkeitsbegriff vertritt, aber im Sinne der seelischen Ganzheit auf jeden Fall. Befassen Sie sich nicht länger damit, in der Außenwelt nach einer Lösung Ihres Männerproblems zu suchen, sondern emanzipieren Sie Ihren Animus. Schauen Sie nach, welcher Macho in Ihrer Seele sein Unwesen treibt, und bringen Sie ihm bei, dass die Zeiten sich geändert haben. Neue Männer braucht das Land! Viele Männer in der Außenwelt sind bereit, nach neuen Modellen für Männlichkeit zu suchen, das weiß ich. Aber solange Sie, liebe starke Frau, Ihr eigenes inneres Männerbild nicht emanzipiert haben, werden Sie diese prachtvollen neuen Männer nie richtig genießen können.

Die Mischform: Opfer, Flucht, Kampf

Ja, nun bleibt uns noch eine Variante im Handlungsspektrum der starken Frau, die es zu besprechen gilt. Während Sie die Beschreibungen der Opfer-, der Flucht- und der Kampfvariante gelesen haben, hatten Sie schon die Möglichkeit, ein wenig private Diagnostik zu betreiben. Vielleicht haben Sie sich und Ihre bevorzugte Handlungsform in einer dieser Beschreibungen wieder gefunden. Vielleicht haben Sie aber auch festgestellt, dass Sie eher eine Mischform aus allen drei Varianten bevorzugen. Diese Mischform ist für alle Beteiligten am schwersten durchschaubar. Für die starke Frau selbst, die sich mitten im Gefühlschaos befindet zwischen Sehnsucht nach Hingabe, Panik und Kampf gegen den Tyrannen, stellt die ganze Angelegenheit ein einziges großes Rätsel dar. Und für den Mann, der ebenfalls im Strudel der Gefühle verzweifelt nach Luft schnappt, ist jeder Versuch, diesem Phänomen mit logischen Erklärungen zu Leibe zu rücken, zum jämmerlichen Scheitern verurteilt.

Interessanterweise sind Beziehungen, in denen die starke Frau die Mischform wählt (beziehungsweise von der Mischform gewählt wird, weil ihr Unbewusstes sich für die Mischform entschließt), oft von gar nicht so kurzer Dauer. Die Liebe von Scarlett O'Hara und Rhett Butler in dem großen Filmepos »Vom Winde verweht« zeigt eine solche Liebe, in der die Mischform dominiert. Die Liebe zwischen den beiden ist so interessant und intensiv, dass sie offenbar genug Stoff lieferte, um »Vom Winde verweht, Teil II« zu schreiben. Vielleicht haben Sie, liebe starke Frau, solch eine Liebe auch schon einmal erlebt oder erleben sie gerade. Für die Außenstehenden, die solche Lieben beobachten, ist die ganze Geschichte einfach crazy. Es gibt Riesenkräche, Teller fliegen durch die Luft, manchmal kommt es sogar zu körperlichen Tätlichkeiten. Menschen packen Koffer ein und wieder aus, schlafen in Hotelzimmern, sitzen volltrunken bei Freundinnen und Freunden. Mütter müssen vorübergehend Obdach gewähren. Riesige Rosensträuße werden verschenkt oder verschickt. Emotional aufs Höchste aktivierte Individuen klopfen, ungeachtet sämtlicher Nachbarn, lautstark an verschlossene Türen oder erklimmen des Nachts Balkone und verschaffen sich Einlass in Wohnungen. Schwüre aller Art werden geleistet und umgehend wieder gebrochen. Und immer und immer wieder landen eine Frau und ein Mann miteinander im Bett und erleben paradiesische Wonnen. Am Morgen danach wird dann die Zahnpastatube wieder auf die falsche Art zugeschraubt, ein Wort gibt das andere, und der Tanz beginnt von neuem.

Diese Art von amour fou hat etwas Faszinierendes, in der Tat. Sie hält die beteiligten Personen in einer Art magischem Bann gefangen. Von mir aus gesehen müssen Sie aus dieser Art Liebe nicht ausbrechen, solange Sie Ihnen Spaß macht. Sie sind deshalb von dieser Liebe so nachhaltig gefesselt, weil Sie letztendlich alle Ihre innerpsychischen Anteile ausleben können. Sämtliche Elemente kommen auf ihre Kosten. Die Sehnsucht, die Freiheit und das Kräftemessen. Insofern trägt diese Art von Liebe sicher zu Ihrer seelischen Stabilität bei, auch wenn es für Außenstehende nicht so aussehen mag.

Vielleicht sind Sie aber irgendwann des ewigen Kofferpackens überdrüssig. Vielleicht wird es Ihnen allmählich zu teuer, dauernd Geld für neues Geschirr auszugeben. Vielleicht haben Sie auch genug davon, dass alle Nachbarn sie mit misstrauischen Blicken beäugen, weil in Ihrer Wohnung immer der große Rambazamba stattfindet. Die Gründe sind zahlreich, warum eine starke Frau irgendwann einmal aus diesem Spiel aussteigen möchte. Wahrscheinlich ist sie einfach zu einem gewissen Zeitpunkt erschöpft und entwickelt ein starkes Bedürfnis nach Ruhe. Denn es ist äußerst kräftezehrend, einen Mann in der Mischform zu lieben. Und die starke Frau hat ja typischerweise auch noch einen Beruf, den sie sehr wichtig nimmt, und der beginnt vielleicht allmählich unter dem ewigen Hin und Her zu leiden.

Was auch immer Ihre Gründe sind, liebe starke Frau, aus der Mischform aussteigen zu wollen, nehmen Sie Ihre Aussteigerphantasien ernst. Wohlgemerkt! Das heißt nicht unbedingt, dass Sie dem männlichen Objekt Ihrer Begierde den Laufpass geben müssen. Gönnen Sie sich zunächst einmal Zeit für sich und Ihr Innenleben. Ziehen Sie sich zurück in die Waldeinsamkeit. Mit oder ohne professionelle Hilfe. Irgendwann werden Sie sich so weit entwickelt haben, dass Sie Ihrem Partner das Tüchlein vom Gesicht nehmen können, um ihn so zu sehen, wie er wirklich ist. Es wird sich herausstellen, ob Sie einen König oder einen Bettler vorfinden. Und dann, bitte erst dann, entscheiden Sie sich für oder gegen ihn.

Einige Gedanken über die Zukunft von Frauen und Männern

Zum Abschluss möchte ich noch ein paar Worte über die Zukunft von Frauen und Männern in unserer heutigen Zeit verlieren. Sie sind eine starke Frau, Sie haben sich dieses Buch gekauft und es bis zum Ende gelesen. Wenn Ihnen meine Gedanken eingeleuchtet haben oder wenn Sie spüren, dass etwas Wahres dran sein könnte, nehmen Sie sich jetzt vielleicht vor, sich und die Männer in Zukunft unter neuer Perspektive zu sehen und das romantische Dilemma der starken Frau anders anzupacken als bisher. Sie beschließen, an sich zu arbeiten, und das finde ich prima. »Was ist denn aber mit den Männern?«, könnten Sie fragen. »Wie sieht es denn in der Psyche der Männer aus in der heutigen Zeit? Müssen wir Frauen denn die ganze Arbeit alleine tun? Ist das Patriarchat denn immer noch lebendig in den Männerköpfen? Hat die Frauenbewegung nicht auch Spuren bei den Männern hinterlassen? Können wir denn überhaupt auf einen König hoffen, der sieben Jahre wartet, bis seine Frau sich entwickelt hat?«

Diese Fragen sind berechtigt, liebe Leserin. Glauben Sie mir, es gibt die Männer, die, genauso wie Sie, aus dem alten Spiel aussteigen wollen. Ich kenne unendlich viele Menschen beiderlei Geschlechts, die sich auf den Weg der Individuation machen, weil sie erleben, dass die traditionellen Modelle vom Verhältnis zwischen Frau und Mann nicht mehr brauchbar sind. Viele Menschen, Männer wie Frauen, suchen deshalb nach neuen Modellen. Die Sache hat nur eine klitzekleine Schwierigkeit: Niemand weiß im Moment, wie die neuen Modelle aussehen werden. Und es spricht einiges dafür, dass es niemals mehr allgemein gültige Modelle geben wird. Die Kirche hat früher Wichtiges dazu beigetragen, dass Menschen sich orientieren konnten. Aber sie hat in der althergebrachten Form für viele Menschen ihre richtungsweisende Funktion verloren. Traditionelle Familienwerte lösen sich zunehmend auf. Patchworkfamilien werden immer mehr die Regel als die Ausnahme. Die sexuelle Revolution der 68er-Jahre hat viele verstaubte Tabus nachhaltig und gründlich entsorgt, und das war gut so.

Zu keiner Zeit hatten so viele Menschen so vielfältige Möglichkeiten, ihr Leben zu gestalten. Durch die Medien werden wir tagtäglich mit Möglichkeiten geradezu überfüttert. Reisen in andere Länder werden immer billiger und immer einfacher. Die Kontinente wachsen zusammen und damit auch die Kulturen. Lebensformen vermischen sich, Weltanschauungen treffen aufeinander, Menschen aller Hautfarben lieben sich und streiten sich und beginnen unweigerlich, aneinander und miteinander zu wachsen. Niemand kann vorhersagen, welche neuen Blüten unser Garten Erde in Zukunft hervorbringen wird. Es ist schön, sich in dieser großen Freiheit entwickeln zu können, aber es kann auch beängstigend sein. Die Gefahr, im Meer der Möglichkeiten zu ertrinken, ist allgegenwärtig. Menschen, die in dieser aufregenden und spannenden Zeit leben, brauchen eine wichtige Kompetenz, um ihre Chancen richtig nutzen zu können: Sie müssen lernen, darauf zu verzichten, dass ihnen jemand sagt, was richtig und was falsch ist.

Menschen, die sich jetzt auf den Weg der Individuation machen, müssen sich ihre Pfade selber bauen. Es wird immer schwieriger werden, jemanden zu finden, der überzeugend vermitteln kann, dass er weiß, was richtig und was falsch ist. Niemand wird Ihnen mehr die Richtung weisen. Auf das müssen Sie gefasst sein, liebe starke Frau. Erinnern Sie sich an das, was die Königinmutter im Märchen getan hat: Sie hatte den Mut, sich ihr eigenes Gesetz zu geben und danach zu handeln. Obwohl sie (scheinbar) gegen das Gesetz des Königs verstieß. Diesen Mut der Königinmutter, liebe starke Frau, müssen Sie auch aufbringen, wenn Sie damit beginnen, nach *Ihrem* Weg zu suchen, den Sie mit dem Mann Ihres Herzens zusammen beschreiten wollen.

Hinterfragen Sie die Normen, die Sie bisher für unumstößlich hielten, vielleicht stellt sich heraus, dass es sich nur um scheinbare Normen handelt. Sie geben sich selbst Ihre Gesetze. Sie selbst wachen über Ihre Tugend. Sie sind Ihr eigener Moralapostel. Sie bestimmen, wann es Zeit ist zu genießen, und wann es Zeit ist, zu verzichten. Und Sie übernehmen die alleinige Verantwortung für Ihr Tun. Sie alleine ziehen sich zur Rechenschaft, wenn Sie Fehler gemacht haben, und Sie alleine dürfen sich auf die Schulter klopfen, wenn Sie Erfolge haben. Und denken Sie daran: Wenn Sie einem Menschen das Herz geöffnet haben, dann haben Sie auch für dieses Herz eine Verantwortung übernommen. Wenn Sie die Verantwortung nicht übernehmen wollen, verzichten Sie auf das Abenteuer mit diesem Menschen und lassen Sie sein Herz lieber geschlossen.

Aber Sie wollten ja wissen, wie es um die Männer steht. Nicht nur die Frauen suchen, auch die Männer suchen nach Modellen für Weiblichkeit und Männlichkeit, die für die Zukunft taugen. Diese suchenden Männer sind manchmal genauso verwirrt und orientierungslos, wie es die starken

Frauen zeitweise sind. Und auch diese Männer sehnen sich nach einer erfüllten Liebe. Und auch sie wissen nicht, noch nicht, genau, was sie tun sollen. Sie sind zermürbt vom Kampf mit der Tigerin, und ihre Wunden sind tief. Aber sie werden nicht aufgeben, nach der Liebe zu suchen, das weiß ich aus meiner Praxis. Diese Männer wissen nicht mehr so genau, wie es früher der Fall war, was Männlichkeit ist. Sie fühlen, dass das Patriarchat ausgedient hat – aber sie haben keineswegs geklärt, was danach kommen soll. Sie suchen danach, was ein Mann sein kann. Und wenn sie auf der Suche nach Liebe an eine starke Frau geraten, die den Kampf der Tigerin kämpft, werden sie noch mehr verwirrt, als sie es ohnehin schon sind. Manche von diesen Männern beginnen eine Psychoanalyse. Wenn diese Männer von ihrer bewussten Einstellung her bisher Radikalfeministen waren, stellen sie im Verlauf der Analyse fest, dass in ihrem Schatten ein knallharter Macho wohnt. Wenn sie von ihrer bewussten Einstellung bisher eher das Patriarchat vertreten haben, müssen sie zu ihrem Entsetzen in ihrem Unbewussten ein dünnhäutiges Muttersöhnchen zur Kenntnis nehmen, das sich danach sehnt, zwischen großen Brüsten sein Paradies zu finden.

Und diese Männer gehen genau denselben schwierigen Weg, für den Sie als starke Frau sich jetzt entschieden haben. Und auch sie werden durch viele Schmerzen gehen und viele Kämpfe mit Teufeln und Teufelinnen zu bestehen haben. Aber, glauben Sie mir: Diese Männer gibt es. Sie suchen, sie ringen, sie leiden, und sie geben nicht auf. Weil sie nach der Frau suchen, bei der sie die Liebe finden. Irgendwo da draußen ist der, der nach Ihnen sucht. Und wenn sich beide auf den Weg machen, dann werden Sie ihn treffen. Sie müssen ihn nur erkennen, wenn Sie ihn gefunden haben. Sie müssen ihm, dem Ausgezehrten und Ermatteten, das Tüchlein vom Gesicht nehmen und sagen: »Da bist du ja.« Wenn er Ihnen begegnet, seien Sie geduldig. Seien Sie geduldig mit zwei Personen. Mit sich und mit ihm. Sie sind eine starke Frau in der heutigen Zeit. Und die heutige Zeit ist eine Zeit des Übergangs. Das Patriarchat hat jetzt seine Grenzen erkannt. Weibliches und Männliches müssen sich auf einer neuen, schöpferischen Ebene finden, um die Zukunft gemeinsam zu zeugen und zu gebären. Wir alle kennen das Ziel noch nicht. Wir wissen jedoch, was es braucht, um mit der Zukunft schwanger zu gehen. Es braucht Frauen und Männer, die bereit sind, den Weg der Individuation zu wagen und sich auf das Unbekannte einzulassen.

Es braucht eine mutige Frau, wie Sie es sind, und es braucht den mutigen Mann, der schon sein ganzes Leben lang eigentlich nur nach Ihnen gesucht hat. Wenn Sie diesen Mann gefunden haben, dann vertrauen Sie nicht auf bewährte Modelle von Beziehungen zwischen Mann und Frau, denn es gibt keine mehr. Sie befinden sich an der Schwelle zur Zukunft. Und in Ihrem Marschgepäck finden Sie viele Zweifel, genug Verwirrung und hoffentlich ausreichend Neugier. In Ihren Armen werden Sie Schmerzenreich tragen, in Ihrem Herzen finden Sie Ihre starke Fähigkeit zu lieben. Und wenn Sie beide, Frau und Mann, genug Ausdauer aufbringen und genauso viel zärtliche Geduld mit den eigenen innerseelischen Prozessen wie mit denen Ihres geliebten stark-schwachen Menschen, dann werden Sie eines Tages zusammen nach Hause an Ihren Königshof reiten und glücklich leben, bis das Leben Ihnen eine neue Aufgabe stellt.

Meine besten Wünsche begleiten Sie.

Anmerkungen

1 Paglia, 1993, S. 24
2 Robertson, 1997, S. 6, Übersetzung v. d. Autorin
3 Barz, 1989, S. 37
4 Ebenda, S. 36
5 Ebenda, S. 38
6 Brüder Grimm, 1997, »Kinder- und Hausmärchen«. Mit freundlicher Genehmigung des Artemis-&-Winkler-Verlages. Interpunktion und ss/ß wurden dem übrigen Text angepasst.
7 Die Jungsche Psychologie kennt zwei Formen der Interpretation von Märchen: die subjektstufige und die objektstufige Deutung. In der subjektstufigen Deutungsform wird davon ausgegangen, dass alle Figuren des Märchens psychische Anteile der Hauptfigur repräsentieren. In der objektstufigen Form der Deutung werden die Figuren des Märchens als konkrete Partner der Hauptfigur betrachtet. Im Verlauf einer Märcheninterpretation kann es angebracht sein, zwischen beiden Deutungsformen hin und her zu wechseln. Im vorliegenden Text geschieht dies auch. Aus Gründen der Lesbarkeit wird der Wechsel der Deutungsform jedoch nicht jedes Mal erwähnt. Leserinnen und Leser, die sich in die Methode der Jungschen Märcheninterpretation vertiefen möchten, seien auf das

Buch von Marie-Louise von Franz, »Psychologische Märcheninterpretation. Eine Einführung«, Kösel 1986, verwiesen.

8 von Beit, 1977, S. 672

9 Ebenda, S. 163

10 Wir haben auf den letzten Seiten viel über Schwangersein und Mutterschaft gesprochen. Das führt uns zum Thema »Kind«. Manche starken Frauen haben Kinder, manche starken Frauen haben keine – aus was für Gründen auch immer. Diejenigen von Ihnen, die keine biologische Schwangerschaft erlebt haben, müssen deswegen nicht verzweifeln. Auch Ihnen steht der Weg offen. Um innerpsychisch in Kontakt mit der archetypischen Frauenkraft zu treten, bedarf es keiner realen Schwangerschaft in der Außenwelt. Um Ihre Persönlichkeit zu entwickeln, genügt eine Schwangerschaft in der Innenwelt. Ein Projekt auf den Weg bringen, ein Buch schreiben oder einen Vortrag konzipieren, all dies kann unter der weiblichen Perspektive des Gebärens geschehen. Sie können mütterliche Aspekte in alle Ihre Interaktionen einbringen, und nicht zuletzt können Sie auch damit beginnen, ein wenig mütterlicher zu sich selbst zu sein.

11 Drewermann, »Das Mädchen ohne Hände«, 1981

12 von Franz, 1977, S. 132

13 Bolen, 1996, S. 83

14 Jung, Emma, 1983, S. 33

15 Bolen, 1996, S. 87

16 Drewermann, 1981

17 Biddulph, 1996

18 Der Begriff »patriarchaler Animus« wurde von Barz (1989) in die Diskussion eingeführt. Er unterscheidet zwischen patriarchalem und matriarchalem Animus, wobei er

den patriarchalen Animus mehr an der seelischen Oberfläche, im persönlichen Unbewussten, verortet, während der matriarchale Animus bei Frauen im kollektiven Unbewussten, also in einer tieferen seelischen Schicht, vermutet wird. Denjenigen von Ihnen, die sich in diese Materie vertiefen wollen, sei sein Buch wärmstens ans Herz gelegt.

19 Heisig, 1996, S. 116

Literatur

Zitierte Literatur

Barz, H. (1989). *Männersache. Kritischer Beifall für den Feminismus.* Kreuz: Zürich.

Biddulph, S. (1997). *Männer auf der Suche. Sieben Schritte zur Befreiung.* Beust: München.

von Beit, H. (1977). *Symbolik des Märchens*, Bd. I und II. Francke: Bern.

Bolden, J. S. (1996). *Göttinnen in jeder Frau. Psychologie einer neuen Weiblichkeit.* Hugendubel: München.

Drewermann, E. (1981). *Das Mädchen ohne Hände. Grimms Märchen tiefenpsychologisch gedeutet.* Walter: Düsseldorf und Zürich.

von Franz, M.-L. (1977). *Das Weibliche im Märchen.* Bonz: Fellbach.

von Franz, M.-L. (1985). *Der Schatten und das Böse im Märchen.* Kösel: München.

Grimm, Brüder (1997). *Kinder- und Hausmärchen.* Artemis & Winkler: Düsseldorf.

Heisig, D. (1996). *Die Anima. Der Archetyp des Lebendigen.* Walter: Düsseldorf und Zürich.

Jacoby, M., Kast, V., Riedel, I. (1978). *Das Böse im Märchen.* Bonz: Fellbach.

Jung, E. (1983). *Animus und Anima*. Bonz: Fellbach.

Kast, V (1992.). *Liebe im Märchen*. Walter: Düsseldorf und Zürich.

Paglia, C. (1993). *Der Krieg der Geschlechter*. Byblos: Berlin.

Robertson, R. (1997). *Your Shadow. Behind the Veil of Consciousness Lurks Your Shadow Side. Learn How to Engage it and Become a Whole Person*. A. R. E. Press: Virginia.

Schmidt, G. (1998). *Sexuelle Verhältnisse. Über das Verschwinden der Sexualmoral*. Rowohlt: Reinbek.

Weiterführende Literatur

Zur Einführung in das Werk von C. G. Jung

Jacobi, J. (1992). *Die Psychologie von C. G. Jung*. Fischer: Frankfurt. Der Klassiker unter den Einführungsbüchern.

Jaffé, A. (1992). *Erinnerungen, Träume, Gedanken von C. G. Jung*. Walter: Düsseldorf und Zürich.

Jungs Biografie, von ihm selbst autorisiert. In diesem Buch kommt Jung persönlich zu Wort. Es wird deutlich, wie er auf Grund bestimmter Ereignisse in seinem Leben seine Theorie entwickelt hat.

Stein, M. (2000). *C. G. Jungs Landkarte der Seele. Eine Einführung*. Walter: Düsseldorf und Zürich.

Eine spannende und verständliche Einführung in die Hauptgedanken C. G. Jungs.

Stevens, A. (1993). *Das Phänomen C. G. Jung. Biographische Wurzeln einer Lehre*. Walter: Düsseldorf und Zürich.

Ein sehr ausführliches Buch, das die Jungsche Psychologie auch im Kontext aktueller psychotherapeutischer Theorien erläutert.

Zur Traumdeutung

Whitmont, E., und Perera, S. (1992). *Träume. Eine Pforte zum Urgrund.* Burgdorf: Göttingen.
Ein gut verständliches Lehrbuch der Jungschen Traumdeutung mit vielen Fallbeispielen.

Zur Märcheninterpretation

von Franz, M.-L. (1986). *Psychologische Märcheninterpretation.* Kösel: München.
Die klassische Einführung in die Jungsche Märcheninterpretation.

Zur Archetypenlehre

Obrist, W. (1990). *Archetypen. Natur- und Kulturwissenschaften bestätigen C. G. Jung.* Walter: Düsseldorf und Zürich.
Obrist erläutert die Archetypentheorie gut verständlich und setzt sie in Bezug zu den Erkenntnissen aktueller Wissenschaft.

Zur Schattentheorie

Guggenbühl-Craig, A. (1992). *Vom Guten des Bösen.* Spiegel: Zürich. Anhand verschiedener Themen des aktuellen Zeitgeschehens beschäftigt sich Guggenbühl-Craig damit, welche sinnvollen Seiten man dem Schatten abgewinnen kann.
Kaufmann, R. (1998). *Das Gute am Teufel. Eigenen Schattenseiten und Abgründen begegnen.* Walter: Düsseldorf und Zürich.

Das Phänomen des Schattens wird in Bezug zur christlichen Religion gesetzt. Kaufmann stellt außerdem Überlegungen zum psychologischen Umgang mit dem Schatten an.

Neumann, E. (1985). *Tiefenpsychologie und neue Ethik.* Fischer: Frankfurt a. M.

Neumann erläutert die Schattentheorie und entwirft ein Modell des Umgangs mit dem kollektiven Schatten unserer Gesellschaft.

Kast, V. (1999). *Der Schatten in uns. Die subversive Lebenskraft.* Walter: Düsseldorf und Zürich.

Kast gibt eine umfassende Darstellung des Schattenkonzepts von C. G. Jung mit kritischen Überlegungen und Erweiterungen. Schwerpunkte sind das Potenzial im Schatten sowie die Schattenakzeptanz.

Zum weiblichen Ungehorsam

Friedman, E. (1999). *Vom weiblichen Ungehorsam.* Walter: Düsseldorf und Zürich.

Die Autorin zeigt, wie Frauen zu ihren schöpferischen Wurzeln und einem kraftvollen, spirituellen Frausein finden können.

Zu Animus und Anima

Baumgardt, U. (1993). *König Drosselbart und die widerspenstige Königstochter. C. G. Jungs Frauenbild – eine Kritik.* Piper: München. Baumgardt stellt die Jungsche Ansicht, dass der Animus ein Archetyp sei, in Frage und setzt sich kritisch mit Jungs Vorstellungen von der weiblichen Psyche auseinander.

Kast, V. (1984). *Paare. Beziehungsphantasien oder wie Götter sich in Menschen spiegeln*. Kreuz: Zürich.

Im letzten Kapitel dieses Buches erläutert Kast ihre weiterführende Vorstellung der Jungschen Theorie von Anima und Animus.

Ulanov, A., und Ulanov, B. (1994). *Transforming Sexuality. The Archetypal World of Anima and Animus*. Shambala: Boston.

In gut verständlichem Englisch geschriebenes Buch, das sich anhand vieler Fallbeispiele mit der praktischen Anwendung des Jungschen Konzeptes in der Psychotherapie befasst.

*Zur Rolle der Psychotherapie im
zukünftigen Weltgeschehen*

Hillmann, J., und Ventura, M. (1993). *Hundert Jahre Psychotherapie und der Welt geht's immer schlechter*. Walter: Düsseldorf und Zürich.

In Dialogform geschrieben. Ein witziges, intelligentes und kritisches Buch zu den Möglichkeiten und Grenzen der Psychotherapie.

Starke-Frau-Seminare

Wenn Sie, liebe starke Frau, für Ihre Entwicklung gerne professionelle Begleitung hätten, können Sie sich an folgende Adresse wenden:

Starke-Frau-Seminare
Maja Storch
Postfach
CH-8033 Zürich

Schicken Sie uns einen frankierten und adressierten Rückumschlag, um die aktuellen Termine und Informationen über unsere Seminare zum Thema »Die Sehnsucht der starken Frau nach dem starken Mann« zu erhalten.

In diesen Seminaren, alle im kleinen Teilnehmerinnenkreis, befassen wir uns mit Ihrer aktuellen Situation und suchen mit Ihnen zusammen nach Möglichkeiten, Ihren individuellen Weg zu finden.

GOLDMANN

Abenteuer Alltag

John Gray: Mars sucht Venus.
Venus sucht Mars.   15082

Eva Julia Fischkurt
Wenn Frauen nicht mehr lieben 15048

Julia Onken: Die Kirschen
in Nachbars Garten   15026

Susan Forward/Donna Frazier
Emotionale Erpressung   15089

Goldmann • Der Taschenbuch-Verlag